长三角一体化背景下
安徽经济发展路径研究

Research on the Economic Development Path of Anhui Province
under the Background of Yangtze River Delta Integration

鲁 楠 著

中国科学技术大学出版社

内容简介

本书为安徽省社会科学创新发展研究课题"长三角一体化战略下高质量协同发展的安徽路径研究"(2020CX073)、安徽省教育厅人文社科重点研究项目"皖江城市带与长江经济带协同集聚发展,构建区域一体化研究"(SK2021A1053)的研究成果,基于实现跨越式发展的角度探讨了安徽省融入长三角参与区域一体化发展的路径及策略。本书包含安徽推进长三角基础设施一体化,参与区域金融合作、生态保护、旅游合作、分工与产业转移等领域的策略及具体办法,同时就安徽助力长三角服务业平衡发展业提出了相应的策略。

图书在版编目(CIP)数据

长三角一体化背景下安徽经济发展路径研究/鲁楠著. —合肥:中国科学技术大学出版社,2023.5
ISBN 978-7-312-05634-5

Ⅰ.长… Ⅱ.鲁… Ⅲ.区域经济发展—研究—安徽 Ⅳ.F127.54

中国国家版本馆CIP数据核字(2023)第055924号

长三角一体化背景下安徽经济发展路径研究
CHANGSANJIAO YITIHUA BEIJING XIA ANHUI JINGJI FAZHAN LUJING YANJIU

出版	中国科学技术大学出版社 安徽省合肥市金寨路96号,230026 http://press.ustc.edu.cn https://zgkxjsdxcbs.tmall.com
印刷	合肥华苑印刷包装有限公司
发行	中国科学技术大学出版社
开本	710 mm×1000 mm 1/16
印张	11.75
字数	205千
版次	2023年5月第1版
印次	2023年5月第1次印刷
定价	68.00元

前　言

长三角经济圈是全国最具竞争力的经济圈，其区域经济整合的步伐将会随着其产业结构的升级、产业的快速转移而加速。但是，长三角地区受资源和生产成本的制约，其发展越来越依赖周边的低成本地区。近年来长三角地区电力资源短缺，商务成本、工资成本快速增长，这就需要从全局的角度来看待区域的协调发展，从而达到资源的最优配置。

安徽与长三角地区一衣带水，具有地缘、区位、资源等诸多优势，但由于种种原因，其优势并未完全发挥出来。安徽和长三角地区之间的差距越来越大。要加快经济发展，必须充分融入长三角地区，承接长三角地区的产业转移，参与长三角地区的产业分工，将比较优势转化为竞争优势。

本书为安徽省社会科学创新发展研究课题"长三角一体化战略下高质量协同发展的安徽路径研究"（2020CX073）、安徽省教育厅人文社科重点研究项目"皖江城市带与长江经济带协同集聚发展，构建区域一体化研究"（SK2021A1053）的研究成果。本书从区域一体化理论入手，对长三角区域一体化发展的历程进行分析，结合安徽省自身实际，力图为安徽找到一条全面融入长三角区域一体化发展的道路，同时希望对区域一体化发展相关研究有所帮助。

鲁　楠
2023年1月

目　录

前言 ………………………………………………………………………………（ⅰ）

第一章　区域一体化与长三角区域一体化发展 …………………………（ 1 ）
　　第一节　区域一体化概述 …………………………………………………（ 1 ）
　　第二节　长三角区域一体化发展理论概述 ………………………………（ 17 ）

第二章　长三角区域一体化发展的实际手段 ………………………………（ 48 ）
　　第一节　长三角基础设施一体化 …………………………………………（ 48 ）
　　第二节　长三角区域金融合作 ……………………………………………（ 56 ）
　　第三节　长三角区域生态保护合作 ………………………………………（ 58 ）
　　第四节　长三角区域旅游合作 ……………………………………………（ 64 ）
　　第五节　长三角区域分工与产业转移 ……………………………………（ 68 ）
　　第六节　长三角区域服务业平衡发展 ……………………………………（ 72 ）

第三章　安徽推进长三角基础设施一体化的策略研究 ……………………（ 74 ）
　　第一节　新型城镇化建设与科技人力资源配置优化 ……………………（ 74 ）
　　第二节　周边城市群发展与交通互联 ……………………………………（ 88 ）

第四章　安徽参与长三角区域金融合作的策略研究 ………………………（ 93 ）
　　第一节　安徽经济运行与发展现状 ………………………………………（ 94 ）
　　第二节　安徽与长三角城市发展对比 ……………………………………（ 99 ）
　　第三节　安徽的金融结构优化 ……………………………………………（101）

第五章　安徽参与长三角区域生态保护工作的策略研究 ……………(106)
　　第一节　长三角生态环境的协同治理 ……………………………(106)
　　第二节　安徽生态环境与产业转移 ………………………………(116)
　　第三节　安徽生态建设的历史沿革与生态现状 …………………(118)
　　第四节　安徽的生态建设创新 ……………………………………(121)

第六章　安徽参与长三角区域旅游合作的策略研究 ………………(130)
　　第一节　长三角区域旅游合作 ……………………………………(130)
　　第二节　景观开发与安徽旅游企业集团发展 ……………………(145)
　　第三节　安徽跨区域旅游合作 ……………………………………(153)

第七章　安徽参与长三角区域分工与产业转移的策略研究 ………(160)
　　第一节　长三角区域分工与安徽承接产业转移 …………………(160)
　　第二节　长三角产业转移与安徽跨越式发展 ……………………(164)
　　第三节　安徽承接长三角产业转移的策略 ………………………(168)

第八章　安徽助力长三角区域服务业平衡发展的策略研究 ………(171)
　　第一节　安徽现代服务业发展的不足之处 ………………………(171)
　　第二节　安徽省现代服务业发展受阻的问题成因 ………………(176)
　　第三节　安徽助力长三角区域服务业平衡发展的可行之径 ……(178)

参考文献 ………………………………………………………………(180)

第一章 区域一体化与长三角区域一体化发展

第一节 区域一体化概述

一体化最初是指企业的组合关系,而后拓展到用来描述地理相近或相邻的国家(地区),为获取区域内经济集聚效应和互补效应而建立的跨区域经济集团。区域一体化衍生于企业联盟,以政治与经济双层面作为当代发展的多元化内涵。

一、区域的定义与界定

随着经济、政治、文化全球化的深入发展,地区在全球格局中的位置越来越突出,对相关地区的解读也随之发生变化。"区域"是地理学的中心概念,是地理上的一种特殊的地理空间,与周围的地理环境有很大的不同。在地理学上出现了"区域"概念后,经济学、政治学、管理学等领域也相继提出了地域概念。一些经济学家把地区划归贸易协议或关税联盟的范畴,任何旨在降低各国之间贸易障碍的政策设计,都可以称为"区域的"政策,并在特定的边界内执行涉及的成员制度、各种协商和解决纠纷的机制,从而对创建新的世界体系、贸易自由化等产生了深远的影响。而在国际关系领域,由于理性主义转向建构主义,"区域"的定义也从经济、贸易的交换转向强调规范、政府认同、民主团体和公司认同,把地区看作一个不断加强制度与经济联系的激发动力的过程。从这一点可以看出,关于"区域"的解释,根据其对象的性质,可以大体划分为地理空间单元、交易与联系构成的网络或结构、具有共同认知和认同的团体等。但实际上,这三种属性是相互交织的,它们的同时存在赋予"区域"以定义。

区域在空间上有很大的弹性,从大到小,可以分为超国家、国家内部的多个行政区域和一个城市内部。爱德华·米尔纳(1999年)等人从经济关系的视角来分析地区,认为应放松对相邻地区的限制,强调地区的功能特征。艾萨德(1956年)认为,区域是一个与边界固定的行政区域相对应的经济区域,它是轮廓和半径模糊、相对且经常变动的经济区域。从经济和政治的角度来看,区域可以包含自然与经济两个空间层面;从地理空间上说,它是由几个相邻的地理区域所组成的文化、社团、关系网络,使得区域内部的各个地区既有特性,也有共通性,而正是这些共同点才构成了各地区整合为同一经济区域的基础。同时,区域内各地区间的货物和人口的变动,也会使区域的经济、社会空间界限发生变化,从而使区域的整体范围扩大或缩小。总体而言,经济区域基于区域关联,其边界具有相对性、模糊性,而自然区域则基于地理毗邻关系,因此,其边界相对于经济区域具有较好的稳定性。

同样的情况也发生在跨国经济地区。正如欧洲联盟(European Union, EU),从欧洲煤钢共同体(European Coal and Steel Community, ECSC)和欧洲经济共同体(European Economic Community, EEC)继续扩大至27个国家,其成员(地区)和地区范围也在不断变化。1951—1952年,法国、联邦德国、意大利、荷兰、比利时、卢森堡六个国家签订《巴黎条约》,组成了欧洲煤钢共同体;1957—1958年,通过《罗马条约》,组成了欧洲经济共同体和欧洲原子能共同体;1965—1967年,组成欧洲煤钢、经济和原子能共同体(简称欧洲共同体)。欧洲共同体(1993年更名为欧盟)在1973—2013年,共六次扩张,其中最典型的是欧盟的第五次扩张。第五次扩张,欧盟领土扩大37.8%,达到50 000 km²,人口增长19.8%,达到4.53亿,GDP增长7.3%,贸易总额增长10.7%。然而,英国于2016年6月以公民投票方式宣布退出欧盟,并于2020年1月31日正式脱欧,这不仅对欧洲金融市场一体化、贸易协定谈判造成了冲击,也对欧盟的诚信度产生了影响。欧洲联盟成员国及其加入(脱离)时间如表1.1所示。

表1.1 欧洲联盟成员国及其加入(脱离)时间

年份	新增(或退出)成员国	成员国数	特殊事件
1952	法国、联邦德国、意大利、荷兰、比利时、卢森堡	6	1952年,欧洲煤钢共同体成立
1973	英国、丹麦、爱尔兰	9	1967年,欧洲共同体诞生
1981	希腊	10	
1986	西班牙、葡萄牙	12	
1995	奥地利、瑞典、芬兰	15	
2004	马耳他、塞浦路斯、波兰、匈牙利、捷克、斯洛伐克、斯洛文尼亚、爱沙尼亚、拉脱维亚、立陶宛	25	1993年,欧洲共同体正式易名为欧洲联盟
2007	罗马尼亚、保加利亚	27	
2013	克罗地亚	28	
2020	英国	27	2020年英国脱欧

二、区域一体化的内涵

区域一体化的内容与区域主义的演进有着密切的联系。区域主义,是指某一地区某些国家为了保护自己和该地区的利益而开展的国际合作与交流,是区域一体化的一个重要途径和方式。随着区域合作组织的大量产生与区域合作实践的发展,其所产生的思想观念、先进经验等都会对区域一体化内涵的演变与发展产生一定的影响。

各国在经历了二战后的"全球联邦"与冷战时期的"区域经济政治一体化"等尝试之后,赋予区域一体化新的内涵:区域一体化是指各国或地区在共同利益、态度、取向、行为和期望的基础上的整合。

全球化、市场化、信息化、体制改革将会降低区域合作成本,提高合作收益,从而促进区域经济一体化发展。所以,地区整合的水平存在层次之别。按照赫尔本对区域制度和社会的一体化程度的解释,区域一体化有五个层面:一是区域化,是区域内社会和经济的相互作用引起的社会融合;二是区域意识和区域认同,在共同的文化、历史和宗教背景的影响下,外部的挑战和威胁能够激发区域的团结精神;三是区域性国家之间的合作,在这个时候,区域的融合超越了国家的界限,形成了国家之间的正式或非正式的合作;四是在国家的推动下,区域一体化出现了制度化和中央化的特点;五是区域内聚性,是指在这四个层面上,可以出现一个统一的单元。

由此,于21世纪诞生的区域一体化是以区域合作为主体,在域内各地区之间的互利共赢基础上的合作模式,其因对政治、经济、文化等诸多领域的积极影响,逐渐成为当今各地区之间开展合作的主要模式。区域一体化所产生的巨大利益,就像多米诺效应一样,推动了更多的地区协作和融合,并得到了广泛的推广。

在经济方面,跨国一体化更侧重于国家之间的共同市场、自由贸易和关税、货币政策及财力支持等方面的讨论;国内跨区域一体化不存在关税的问题,更侧重基于突破地区行政边界的地区统一市场和市场共同体的构建,更关注经济差距以及在国家区域战略格局中的核心边缘地位,同时也关注中央政府赋予的地方化权力。

在社会方面,跨国一体化更关注移民政策和文化保护;国内跨区域一体化不存在国家移民政策的限制,但是在中国由于存在户籍制度,所以城乡和区域间的人口及要素迁移,成为衡量公平与分割的重要内容,影响地区差异的公共资源配置和公共服务均等化也逐步成为焦点。

在区域合作与组织上,均有单一维度和多维度的合作组织以及合作网络,跨国一体化重在打破边界分割,有正式和非正式的合作,制度性的正式合作更多地仰仗跨国合作组织和官方贸易谈判,如欧洲联盟、北美自由贸易区、石油输出国组织、上海经济合作组织等,世界组织和民间机构在促进一体化中也有一定贡献。一方面,国内跨区域一体化不存在国家主权影响,在政府、市场和公众层面有着多种交流、对话形式和方式,更为自由、广泛和多样化;但另一方面,国内区域一体化的合作发展,存在省、市、县的边界障碍,一些中心城市有可能在交流中处于主控位置,使得核心-边缘格局因资源配置不平等而强化,甚至引起要素过度集聚和地区差异扩大。

三、区域一体化的推动力

在区域经济活动中,各个生产要素的自然特性是自由流动、统一开放的。区域、经济实体要想迅速发展、实现良性循环,就需要不断地进行物质、能源、信息等方面的交流。而在各个区域,为了维护经济和社会的秩序,都有一条行政界限,即行政区划。所谓"一体化的整合",就是指生产要素在不受行政约束的情况下,根据市场的动态,寻找最适合自己的资源禀赋和比较优势,从而形成有效的集群规模合力和分工协作,提高整体竞争力。实现区域经济一体化的主要动力在于区域间的资源与要素的自由流通与合理分配。只有在合作的红利远远超过了打破合作壁垒的代价,并且在利益分配机制的作用下,才能实现资源整合和区域一体化。

关于各国间跨界地区整合的动力机制,多数建立在全球化与贸易学说的基础之上。例如,维纳、李普西、小岛清等国家间协定的分工理论,指出区域经济一体化的重要推动力是通过建立区域统一市场来获取贸易创造、转移,扩大贸易,促进竞争等。区域贸易分工理论从资源要素成本差异、技术差异等方面解释了区域分工的原因,并指出区域经济一体化的驱动因素是生产过程的分化、区域和国际劳动分工的日益精细以及与之相伴随的专业化、行业内部和公司内部跨国贸易的发展。

相对于跨国界的区域整合而言,在区域经济和社会关系方面,其动力机制与主权国家内部的区域整合有着明显的差异。就后者而言,关税和贸易的影响微不足道,但是自然、文化、技术和体制机制的影响却是巨大的。对于国内地区整合的动因,学者们对此有不同的解释。从经济角度来看,一体化是市场化、国际化、城市化的互动,与此同时,要素禀赋、产业分工、制度变迁、组织协调、地区博弈、区位条件等也是一体化的动力机制。我国的区域一体化主要是由中央政府的推进、协调和自上而下的制度建设来实现的。

(一) 区域一体化的益处

区域一体化进程中,要素的流动与分配获得的利益超过整合带来的益处,这也是整合的内在动力。整合带来的好处有:

第一,加强了产业分工,推动了规模经济的聚集。合作的产生源于地区间职能的分工与加强。不同区域的自然地理、文化、经济状况不同,其比较优势也各不相同,而合作则在于充分利用自身的优势,形成优势互补,分工合作,在专业发展和规模聚集中取得整体效益,达到"1+1>2"的作用。区域发展的条件、基础和优势是区域间合作的基础和条件,而区域间的合作和分工效率是决定区域经济发展益处的重要因素。由于地区分工更加细化,合作更加紧密,共享经济可以降低平均成本,更好地发挥比较优势,提高资源利用率,形成规模经济和集聚效益,并且推动行业和职能部门之间更加精细的分工与深度的合作,还可以帮助技术和知识的外溢,从而提高产品和服务的品质。

第二,增加密度,扩大规模。总体而言,资源与要素都会集中在一些具有较好位置的区域,从而促进区域经济的聚集和规模效应;与此同时,优势区域的发展速度和水平的提高,也会在某种程度上由于规模边际收益的降低,将资源和发展的能量分散到周边地区,扩大了工业化和城市化的空间,增加了区域的人口和经济密度,从而促进了整体的经济增长。通过扩展的贸易网络,可以进一步促进行业的分工和要素的流动,并且通过价值链的延伸,加强了内部企业之间的分工,将各行业的利益最大化。

第三,距离越近,流动费用越低。影响技术水平和技术进步的因素,如交通、通信、社会服务设施等,决定了整合的距离和公平的合作机会,这是技术发展的代价。随着区域基础设施和通信技术的迅速发展,运输和物流的费用大大降低,区域的空间距离和时间大大缩短,贸易的费用也大大降低,商品、服务、能源、资金、信息等的流通更加便利,各城市之间的贸易自由化程度也会更高,劳动力和商业向高职业化密集的地区转移,市场向更广泛的消费区域扩展。大型的海洋货物运输、快速到达的航空运输以及其他重要的交通设施,如高速铁路、高速公路等,极大地减少了城市之间往来的时间成本,使得不同城市的居民可以分享社会资源和公共服务,从而推动区域的融合发展。

第四,整合边界,减少交易费用。通过制度、机制、政策的改革、创新和协调,不同区域间的资源、要素的流动和流通,市场的开放和充分的竞争,资源的最优配置和整合发展得以实现。其中,提高效率的制度安排,更多的是通过合作平台、组织和机制的构建,使多方具有对话、沟通、互馈乃至互动的过程及协调能力,减少推诿等时间、财力耗费;统一规划、运作和协商,使得交通线路连通、资源共同利用、生态环境共同保护等事项得以实现,且被快速有效地落实;构建统一市场制度,可以在一定程度上打破行政藩篱,合理地组织产业链和价值链,使资源流动和配置更加符合市场规律,培育规模更为强大、资源利用更为高效的经济共同体。

第五,发展共享经济。在整合过程中,可分为两种情况:一种情况是,具有相同背景与条件的区域或以资源的开发与使用为基础的工业与设施,以达到强强联合的资源叠加效果;或共同面对环境、社会与经济问题,以避免因区域发展而造成的损害,实现更大的环境社会效益。不管是哪一种,都要面对资源与要素的流动,从而产生整合的协同效应。另外一种情况是,存在着巨大的差异,需要推动平等和互补的体制安排,如通过协调介入,推动要素流动、分工互补和利益的融合。与此同时,体制和政策的介入,也将促进技术的发展,基础设施、社会设施、公共服务等的优化配置,在促进经济集聚的同时,社会服务空间更为均衡公平,使一体化的收益惠及更多区域、更多百姓。整合减少了不同地区居民的福利差异,并让异地市民享受到其他地方的美景和获得利益。

不同的地区,其利益关系也是紧密联系在一起的,有效的地区分工、共享的基础设施、融合的体制、协调的介入,都能有效地减少合作的成本,提高共同利益,这是促进区域一体化的根本因素。在此过程中,各地区根据自身的特点和优势进行分工,这是实现专业化分工和综合竞争优势的根本。

(二) 区域一体化的障碍

区域一体化的推进需要投入大量的资源和要素,其推广所遇到障碍大小在一定程度上也决定了一体化的程度与合作效果。如何有效地减少生产要素与资源流动中的摩擦与障碍,已成为促进地区经济一体化的重要政策与内容。从客观和主观两个角度来看,区域整合的障碍存在于结构性和体制性两个层面。结构性障碍主要是区域自然、社会、文化、经济技术等客观原因造成的合作障碍,而体制性障碍则主要是地域保护主义等人为导致的政策、法规壁垒。

1. 结构性障碍

在自然状态、文化认同、经济差异、技术特征等诸多因素的影响下,经济、社会发展的层次和结构的一体化进程存在结构性障碍。

一是天然障碍,可以在不同的尺度上进行观察。大面积的地形地貌、气候、生态环境、自然灾害等,都会对区域的发展功能产生一定的影响,同时也会影响区域间的空间位置与经济聚集的可能性。在一些重要的农业生产、生态保护地区以及自然灾害频发的地区,其功能划分也是有限的,不适合大规模的工业化和城市化,也不利于与城市化区域的融合。这就需要走出一条新的道路,发展生态经济,这样既可以与城市化区域的商业经济形成良好的互补,又可以克服由市场主体职能差异带来的整合壁垒,是一条比较理想的途径。

除此之外,地形地貌如山脉、河流等,以及高速公路、高速铁路等形成的壁垒,阻碍了信息及资源的流动。江南与江北、山南与山北之间的交流,常常会有很大的差别。一方面,技术的进步、基础设施条件的改善、跨江融合、协同发展的体制安排,都有助于突破自然或公路的限制,但也会带来新的协作代价。另一方面,对山区河流生态保护的需要,也是区域生态保护与恢复的重要动因,尤其是在生态环境保护意识提高的情况下,可以将其转化为合作的基础和动力。

二是文化因素,通过价值观的作用而表现出来。文化通常是指共同的、结构化的社会知识,包括规范、惯例、风俗习惯和制度等。文化相似性与区域一体化的水平正相关,同质、同源文化显然有利于区域一体化发展,而宗教信仰、语言及行为等差异则阻碍了一体化。当然,文化的认同感也是具有可塑性的,各地区的人们可以通过沟通来提升认同感,消除因文化差异而造成的地区间的合作壁垒。人们之间的交流可以从两个层面来实现:持有和维护一个共同的价值观;维护一个共同规范的权威。

三是技术和经济方面的原因。区域经济发展的规模、水平和结构的差异,在一定程度上也会阻碍区域间的合作。不同的城市发展水平也会导致合作困难。随着众多大都市与周边小城市之间的联系越来越紧密,在这种"同城化"的进程中,如果大城市的要素聚集能力很强,那么就会形成一种"虹吸"效应,使小城市的宝贵人才和资源不断涌入大城市,而小城市由于人口的减少而变得虚弱。同样,在发展程度相近或行业结构相同的地区,存在着激烈的过度竞争的危险,这也会损害区域合作。同时,在时空上进行交通、通信设施的建设与技术投资,不仅要花费大量的物力、财力、人力,而且还需要进行大规模的协作。

综上所述,自然障碍、文化因素、经济及技术因素成为阻碍区域一体化发展的结构性障碍。

2. 体制性障碍

制度因素在区域一体化的形成中起着举足轻重的作用。当制度、机制、政策等人为因素把区域的行政界限限制在市场与利益之间,使得资金无法有效流动和分配,就会对要素和资源产生系统的、大幅度的影响,造成人为的阻碍和差别。若要推行区域一体化,则要打破整合结构与制约性壁垒,其过程所需的行为代价,也将计入区域一体化的成本。

随着区域一体化的深入推进,各地区的成员和非成员之间的冲突越来越多,需要大量的工作来协调,其中包括相互沟通、建立对话、进行调整等。在这个过程中,协议的起草、谈判、维护、争端发生后的处理、组织机构的设立等都是成本。成本的提高,会对地区要素的自由流动产生一定的影响,使行业间的分工与企业间的相互作用更加紧密,从而制约行业的聚集和市场容量的扩张。在这种情况下,成本的降低是推动地区经济发展的一个重要因素。新制度经济学从交易成本、制度变迁、政府抉择等角度,对地区整合的动力和影响进行了补充:如果不能通过现行制度的边界来调节市场结构失效所带来的潜在利益,那么推行区域一体化就将成为上乘之选。

与此同时,合作体制的成本也包含了合作造成的要素损失或合作带来的资源与利益,这将极大地影响到合作领域。随着地区间的分工不断深化,比较优势得以充分发挥,资源利用率不断提升,规模效应和范围效应不断增强,共享经济的发展也使企业的平均成本逐渐降低。但企业间的贸易协调和协商费用已经开始上升,整合的深度和广度也会因合作费用的逆转而有所上升。

尤其是在区域经济合作的范围和领域不断扩大的情况下,制约区域经济发展和资源流动的各种制约因素就会层出不穷。发展进程过于异质化,更难体现出共同的利益,发展同质化将使各大城市之间的竞争加剧,某些"搭便车"行为也会对某些区域造成不利影响。在区域整合的过程中,区域间的收入差距扩大、文化多样性消失、人口流动加速,都会对区域一体化造成一定的压力。一体化导致合作城市在合作对象、合作方式、合作点等方面都会被"锁定",网络的排他性和信息交换的内部化,使新成员或资源依赖性不强的参与者难以突破网络的障碍,而要突破这一路径依赖,就必须通过"开发新思路"来补充合作。市场化模式下,由于要素的自由流动,中心城市的承载能力会越来越有限,发展潜力也会受到极大的制约,出现了住房、教育、医疗、交通、水资源、空气质量等问题。这也说明创新是区域一体化发展的唯一思路。

(三) 区域一体化的国际之鉴

随着全球化不断打破地区行政边界藩篱,改变合作成本和合作收益,不同地区之间的距离被持续"压缩",分割不断被破除,文化融合程度不断提高,社会福利逐渐趋同,而地区分工则日益深化,经济发展更加集聚,由此共同促进了区域的一体化发展。因此全球化成为区域一体化最重要的外部动力。

随着全球生产网络(Global Production Networks,GPNs)的不断扩张,产品内分工在区域内广泛而深入地发展,深刻地改变了城市间的生产组织分工与贸易模式。

面对全球竞争时代,任何单个城市都不可能依靠自身力量"拔得头筹",任何区域的"孤军奋战",都难有胜算,唯有合作才有出路。在全球化的冲击下,区域内各地方政府间必须通过合作提高资源配置效率,协调区域经济,同时解决环境保护和区域经济平衡发展等问题,客观上促进了区域一体化。国际上先后兴起欧洲联盟、北美自由贸易区、亚太经合组织等以及我国京津冀、长江三角洲、珠江三角洲地区区域经济一体化发展,都预示着区域一体化与全球化是一个事物的两个方面,而区域则被看作协调社会经济生活的一种最先进的空间组织形式。

首先,全球化推动了地区内产业专业化和多样化。在全球化贸易扩张过程中,不同城市根据自身比较优势进行分工合作,地方专业化水平提高,城市间相互依赖增强;同时,全球化时期跨国公司(Transnational Corporations,TNCs)加速向大城市涌入,并在邻近的中小城市设立分支机构,直接促进这些城市之间的生产业务和贸易往来,加速产业扁平化的跨区域组织。产业专业化与多样化构成了一体化区域形成与发展的产业支撑,使地区之间人流、物流、信息流不断加强并频繁相互作用,在市场关联性和互补性较大的情况下,基于比较优势基础上的产业分工使得城市之间的分工协作逐渐加深,区域一体化程度越来越高。区域一体化成为主权国家避免内部城市之间无序竞争的必要手段。

其次,经济全球化也促进我国日益加深的市场化改革。为适应全球化的产业生产网络要求,地方加快建设统一的要素市场,在减少城市间商品贸易、人口、资本和知识流动障碍的同时,也加速了知识技术的转化与扩散,使落后地区能获得更多来自发达地区的"溢出效应",相邻地区间的增长呈现良性互动。反过来,贸易往来与要素流动便捷度的提高,又促进了不同城市与地区文化的加速融合,从而增进相邻城市的互信,减少贸易壁垒和地方保护,同样可以降低市场交易成本,促进商品市场的一体化进程。在市场化与全球化的共同推动下,区域经济发展水平的整体提高也为区域一体化进程的推进提供了经济基础。市场化带来经济社会发展程度的提高,随着地方政府权力的重构和企业家精神的感召,自下而上的城市合作行为不断增多,进一步促进了社会和民间团体如各类行业协会的建立,社会组织和资本参与市场化建设和推动区域一体化的作用开始显现,进一步增强了区域协调发展的可能性。

最后,区域一体化发展对全球化过程的影响具有二重性。一方面,一体化区域内部实行更高的自由化和更密切的合作,贸易和资本流动的便捷度更高,这对全球经济贸易自由化是一种推动。一体化发展可以通过不同城市之间的合作产生集聚效益,也是增强区域综合竞争力的务实之选,一体化的巨型区域(mega-region)甚至已成为全球化时期新的城市形态。另一方面,在地方尺度下,贸易和投资、生产和销售、金融以及科技等各种"流"都被具有黏性的地区(sticky places)所"吸附",各种要素无法进行类似于国家尺度下的完全自由的市场流动,作为自由贸易和保护主义结合产物的区域性经济组织逐步建立,其保护性和排他性趋向也会相应加强,从而对经济全球化的进程产生一定的负面影响。区域集团与全球化的交织进行,也加速了资源要素向发达国家和城市群地区的积聚,世界经济有可能变得越来越不平衡,成为区域一体化的一个负产物。

(四) 合作相关者及其作用

区域一体化的相关单位,包括政府、企业、社会公众和其他非政府组织等,它们的行动模式和博弈关系,对区域一体化的发展产生了重要的影响。作为宏观调控的主体,政府在区域整合过程中起着监督和调控作用,发挥着区域间利益协调的作用;而作为区域整合的最大参与者,企业和社会大众则是最直接的受益者和参与者。

1. 政府

对于政府而言,区域一体化的最大动力来自不同地区间合作所能带来的各项收益的增加。一方面,不同地区之间由于地理区位、资源禀赋、发展历史等方面的差异,比较优势各异,一体化的发展能够充分发挥各自的优势,形成互补,进而促进专业化发展、规模集聚和整体效益的提升。全球化与市场化背景下,政府之间的竞争逐渐向理性的竞合模式转变,通过资源互补、深化区域协作与分工,增大了区域之间合作所能产生的共同收益。而随着新一轮劳动地域分工的更加细化,政府间的合作也越来越密切,区域整体的资源利用效益得到提高,规模集聚的效益越来越大。此外,作为一个增加开发密度、缩短联系距离、减少相互分割的过程,区域一体化还能促进不同地区之间市场的融合,使各地区之间的联系更加紧密,社会公共产品可以共享,而不同地区间的资源要素共享又进一步使得一体化区域内部的平均成本下降,政府之间相互联合的净收益开始增加。另一方面,不同地区之间通过一体化发展,形成统一的发展联盟或者巨型区域,将显著增强其在全国甚至国际竞争中的竞争力和彰显度。一体化区域所发挥的对外围地区资源要素的巨大虹吸效应,成为各政府竞相号召并积极参与一体化发展的重要驱动因素。

在市场化改革条件下,政府也认识到区域合作对增大经济发展收益的作用,逐渐由封闭转为积极地寻求区域间的经济合作,并进行有选择的市场开放的制度改革。政府在市场机制的培育和政策制定中发挥着重要作用,且政府适应市场化的水平越高,市场机制作用发挥就会越充分,区域市场的一体化水平也就越高。新型政企关系的建立进一步吸引区外的要素和企业到本区域发展,从而推动了区域之间要素流动和企业跨区域投资等制度条件的完善。总体上,一体化启动阶段是政府主导和推动,但最终一体化进入良性循环和自我输血的通道需要市场接力政府,通过市场来发挥资源配置的决定性作用。

2. 企业

作为区域一体化的最直接参与者,企业行为最能体现市场机制在一体化过程中的重要作用。一方面,随着市场一体化程度不断加深,各地区产品市场融合程度的日趋提高,生产要素在区域之间的流动性不断增强,提高了企业区位选择的自由程度,区域政策对企业选址的影响也更趋显著。另一方面,通过不同地区之间的一体化可以在区域内部形成不断扩大的经济综合体,在扩大企业市场规模的同时,也增加了要素投入密度和强度,进而提高区域内部企业的生产效率,成为企业主体参与一体化发展的最主要驱动力量。

与此同时,区域一体化在破除地区间市场分割的同时,也会加剧区域内部企业之间的相互竞争,使原本具有垄断优势的企业面临更多来自区内其他城市和区域外部的市场竞争。对于部分体制僵化的国有企业而言,区域一体化的深入将加速改变生产技术和劳资关系,从而对其生产组织关系形成严重冲击。在经济社会发展差距较大的情况下,区域一体化将会加速落后地区的要素外流,技术进步与革新又不能同步跟进,从而使那些地区的企业生产成本上升;此外,外来产品的涌入,还会挤占本地消费市场,进一步摊薄本地企业利润空间。此二者成为欠发达地区企业抵制政府一体化行为的重要原因。

四、区域一体化的地理空间格局

地理空间形态和功能格局是区域一体化的经济、社会、资源、环境及其关系产出在空间的投影表现。对地理空间和区域一体化之间关系的认识,一直受到古典经济学、国际政治关系、新区域主义、新经济地理等理论的影响。虽然这些研究无可避免地涉及地域特点、地区差异性和空间特点等问题,但大多建构在经济学同质空间的假设中。地理要素和地域差异融入区域一体化的过程中,区域一体化的空间建构又是如何反映经济、社会、资源环境的地区关系呢？为此区域一体化空间建构，需要有新的解释方法和范式。

(一) 同质化与差异化发展

区域一体化是要素自由流动下地区分工协作形成合力的过程。古典经济学和新古典经济学理论关注的产业专业化与国际贸易，国际政治关系理论聚焦的政府、民主团体、内外部行为主体和企业等的本地行动，都预期从区域一体化获取贸易自由化带来的经济利润最大化以及主体的利益最大化。克鲁格曼和维纳布尔斯(1995年)通过核心-边缘理论，将运输费用(时间和成本)、企业区位选择、劳动力流动及其他贸易壁垒等地理要素融入主流经济学，考察了贸易成本下降过程中的厂商区位选择和劳动力迁移，使得一体化分析脱离了原有真空维度，创建了可以描述区域一体化进程下各地区福利水平动态变化的中心-边缘理论。所发展出的新经济地理学，回答着"各种经济要素为什么会在地理空间中集聚"等问题，是区域经济一体化空间范式的重要分析工具，而"为什么"也在于解释产业内专业化与多样化的地区分工，可以获取规模集聚收益的最大化。

在利润最大化驱使下，区域一体化能否促使内部各地区均等发展呢？一体化的区域经济集团的空间格局变化始终受到来自市场、政府和公众无意识的生长与发展，以及有意识的人为控制等力量的制约与引导。一般认为在市场力量的引导下，一体化区域内资本等要素流动，会促进具有相似结构特征的区域内较穷和较富集团间实现条件收敛；但是绝大部分地区因自然、经济和社会发展条件差异而难以实现"俱乐部收敛"。缪尔达尔(1957年)的"回浪效应"和"聚敛效应"、佩鲁(1955年)的增长极理论、弗里德曼和阿隆索(1964年)的"中心-边缘或外围"理论以及藤田昌久和克鲁格曼等(1999年)经济学家以规模报酬递增和垄断竞争为基础的中心-边缘理论等，都从不同角度阐释空间极化和不平衡存在的事实。基于钟形曲线模型的区域经济一体化理论，也纠正了之前认为区域一体化导致不同国家线性趋同的理论。这一理论同样指出了不同国家区域差异的存在和发展是一个非线性过程；而且地区资源环境承载的差异性，也决定了空间均衡在于经济集中配置与资源环境承载力相协调，即便是一体化区域，结构差异的不均匀发展格局也是客观现实。

长江三角洲(简称长三角)是我国市场化和一体化程度较高的区域，借助政府力量和发达的区域交通网络,各地交通物流成本差距不断缩小,但是地区之间的发展条件和资本流动差异仍然存在,地区发展仍然是不平衡的,区域一体化并不意味着区域一样化,也不代表着地区差异会缩小。因此对一体化的测度不能简单用经济水平和结构的相似性进行分析。随着新区域主义开展的诸如环境、安全、基础设施和治理以及社区参与等经济发展相关问题的研究,区域一体化理论从早期单纯的经济和政治的视角,到后来引入更多的空间相关要素(如交通和基础设施、能源和环境、人口、教育和医疗、政策和治理),区域一体化的空间也从超国家空间单元扩展到多个空间尺度上(如微区域、走廊、国家、宏观地区和城市),并从经济社会维度拓展到经济、社会、资源、生态、环境等多维度。经济发展、社会公平、生态环境健康以及区域可持续发展目标,也成为区域一体化空间建构的宗旨和导向。也就是说,一体化不是目标,更为重要的是从一体化中获取集聚和范围经济、社会趋同和生态安全。最早于世界银行2009年的报告《重塑世界经济地理》中也指出,一体化是一个增加开发密度、缩短联系距离、减少相互分割的过程,在一体化区域内经济是日趋集中的,而生活水准是最终趋同的。当区域一体化的空间形态朝着城市群发展演进时,增加开发密度即意味着经济开发更为集中在城市化地区。

一体化的空间功能分工不仅仅局限在工业品、农业品及产业内分工上,而进一步拓展到了包括以上各类生产在内的工业品和以资源环境保护为主的生态品的分工。经济集聚的开发区域和生态保护的开敞区域,则同样存在于区域一体化的空间中,以实现经济增长和生态环境保护的区域平衡。这样的区域是不能消除内部经济差异和发展特色的。可见,一体化的经济、社会、资源环境格局具有多样化的差异性。

与跨国区域一体化在空间形态上的较大不同在于,国家内部的区域一体化在空间形态上往往表现为城市群。城市群是基于产业结构与就业结构的相互作用,在空间上出现的以城市为节点的、城市体系的关系网络为依托的区域经济发展的产物,同时在空间上体现为大城市、中等城市、小城市和建制镇(中心镇)以及乡村组成的城乡网络体系,长江三角洲地区就是以一体化的城市群空间形态出现的。一般来说,随着全球化和市场化背景下世界经济的发展要素越来越趋向以都市为中心的城市化地区聚合发展、产业专业化与多样化形成与发展,城市之间的经济联系日益密切。各类社会经济活动在城市地区的空间集聚,大大便利了信息的交流和技术扩散,工人更容易找到合适的职业和工作机会,企业也减少了对各种专业化技能劳动力的搜寻成本。区域一体化给城市群发展带来新的潜力和势能,也就是所谓的发展红利。但是,即便在城镇群内部,一体化发展活动并非给所有地区都带来经济繁荣,各城市的自然资源禀赋和发展潜力的差异,使得一些地区被市场青睐而另一些地区被忽略,生产活动分散化并不一定促进繁荣。

(二) 经济空间的聚集与分散

一体化是否具有促进经济空间集聚和专业化分工的作用？现有研究不断改进和完善集聚的测度方法,包括不同产业间和不同空间尺度间的测度结果可比性、测度单元与产业分类的改变不会影响指数估计值的无偏性、评估经济活动的总体集聚特征和产业集中程度、进行估计结果的显著性检验等。这些方法既适用于单一产业空间绝对集中程度评估到考虑企业规模、空间距离进而计算区域间产业集聚和专业化程度,也适用于人口集中和迁移的过程分析。一般来说,区域一体化可以有效降低贸易成本和促进生产要素的自由流动,总体上推动了地区专业化水平的提高,但产业集聚的作用明显受到产业特征和区域经济发展水平的影响,而金融等市场决定的服务业较制造业表现得更为集聚。可以看出区域经济的一体化,并不是使一体化地区都获得同等的产业集聚和经济增长,服务业和高技术产业集聚更为明显,这样是不是更加扩大区域之间的发展差距呢？如果一些促进平衡措施和学习型的制度安排用以促进经济活动在区域中的分散化,那么将会产生积极影响。

(三) 社会空间的效益与公平

一体化的社会空间效益,是区域居民对一体化福利的最直观感受。关于生活水平区域差距测度指标,早期研究主要考虑收入水平、就业率等有关经济发展水平的指标,近期的研究中更加突出了教育、健康医疗等公共服务水平的区域差异情况。重建生活水平和社会福利的测度指标体系也成为当前研究热点。

在城市化的背景下,城市公共服务直接影响城乡人口迁移及其在区域内的空间集聚。大城市提供的大量各式各样的公共服务,会吸引小城镇和农村人口迁移。高质量公共服务资源的可用性在地区与地区、城市与城市、城市与乡村之间存在差异,是区域发展空间不平衡的重要原因。而且,在城市群内部不同城市、镇及乡村的行政级别,在很大程度上决定了其公共资源的掌控能力,大城市优于小城市,城市优于乡村,因此,公共服务均等化也成为世界各国,特别是发展中国家和不发达国家、地区,缓解人口和经济的空间不平衡的主要政策途径。然而,基本公共服务不平衡,可能引发在主权国家内部日益加剧的地区差异及其各种社会冲突,并引起中央及地方政府越来越多的关注。通过一体化手段促进社会福利向均等化发展,成为地方应对全球竞争、缩小地区差距、避免社会冲突的必然选择。

(四) 生态空间的共同治理

区域一体化与城市化相互促进,绝大部分一体化区域呈现出城镇群的空间形态,也是工业化城镇化活动最为剧烈、资源环境矛盾最为尖锐的区域,因此,一体化的密度提升,往往带来生态空间减少以及资源环境承载压力增大,研究需要甄别关键资源环境与空间利用的相互影响关系。一方面,资源环境要素对经济集聚和空间分工具有基础性的影响,从生态服务功能概念以及环境敏感区的资源特征和功能差异出发,划分了生态敏感类型区,或者根据水环境容量划分不同水环境风险区,可以作为约束不同程度的经济社会活动的基本依据。另一方面,不同类型的空间利用方式和组合,可能产生不同的生态环境影响。天然的土地覆盖变为受人类支配的土地利用类型,对居地环境的大气化学、气候水文变化、土壤以及沉积物损失、生物多样性丧失等方面均会产生巨大影响。早于2001—2005年完成的千年生态系统评估(millennium ecosystem assessment)国际合作计划及中国西部生态系统综合评估(integrated ecosystem assessment)提出了生态系统评估的基本标准与规范,一般作为生态效应评估的技术参考。目前基于遥感技术的生态资产损益测评以及空间演变的生态影响评估与决策模型的研究已经成为热点。长三角空间格局变化主要引起的环境影响在于破坏水源涵养区、河湖湿地和农田系统,减少生态空间和生物多样性,并对水质造成较大影响。结合生态敏感地和水环境容量,可以评价与预估不同类型空间占用对生态环境的影响,进而分析不同空间利用结构及其组合方式的生态效应。

(五) 空间格局的优化

国内外对一体化区域的空间管理,一方面是通过"空间鼓励""空间准入"和"空间限制"等生长管理(growth management)措施,协调城市区域、资源开发区与环境保护区之间的关系,促进精明生长(smart growth)。另一方面,通过城市网络(urban network)/联盟(partner ship)的互补或专业化的协同效应以及建立多层次的区域管治方式,促成区域更加紧密合作与精细分工。

第二节　长三角区域一体化发展理论概述

长三角是一片天然的平地,人口稠密,不同城市的地理位置相近、文化相近,历史上的人员、经贸往来十分频繁,城市间多层次、宽领域的合作机制日趋完善,具有坚实的区域一体化合作与发展基础。

一、长三角地区概况

长三角陆域国土面积11.5万平方千米,区位条件优越,具有优良的光热水土组合条件和丰富的物产资源,工业化与城镇化程度较高,经济发展基础雄厚,社会文化多元。截至2020年底,长三角三省一市共实现地区生产总值24.5万亿元,较上年增长3%。长三角地区生产总值占长江经济带和全国的比重分别为51.9%和24.1%;社会消费品零售总额为97 982.3亿元,占全国的比重为30%;进出口总额为118 543.37亿元,占全国的比重为36.9%。分地区来看,长三角各省市中,地区生产总值(GDP)从高到低依次为江苏省102 719亿元、浙江省64 613.4亿元、上海市38 700.6亿元、安徽省38 680.6亿元;社会消费品零售总额从高到低依次为江苏省37 086.1亿元、浙江省26 630亿元、安徽省18 333.7亿元、上海市15 932.5亿元;进出口情况从高到低依次为江苏省44 500.5亿元、上海市34 828.5亿元、浙江省33 808亿元、安徽省5 406.4亿元。长三角地区以全国1.1%的国土面积承载了8.0%的人口,创造了16.7%的地区生产总值。

(一) 自然资源与区位交通条件

1. 自然资源条件

长三角位于亚热带季风气候区,地处长江中下游平原,地势平坦、气候温和、土壤肥沃、水资源充足、自然灾害较少,是我国资源环境承载能力较强、开发适宜性较高、人居环境优良的区域。

(1) 地形地貌

公元前5000年以前,长江三角洲是一个三角形港湾,长江河口好似一只向东张口的喇叭,水面辽阔,潮汐作用显著。在海水的顶托下,长江每年带来的4.7亿吨泥沙大部分沉积下来,在南、北两岸各堆积成一条沙堤。北岸沙堤大致从扬州附近向东延伸至如东附近,沙堤以北主要是由黄河、淮河冲积成的里下河平原。南岸沙堤从江阴附近开始向东南延伸,直至上海市金山区的漕泾附近,并与钱塘江北岸沙堤相连接,形成了太湖平原。

里下河平原位于长江北岸,面积约1.4万平方千米,为一碟形洼地。洼地中心湖荡连片,主要有射阳湖、大纵湖等。长江三角洲上散布着一系列海拔100~300 m的残丘,大部分由泥盆系砂岩和石炭、二叠系灰岩构成,少数由燕山期花岗岩和粗面岩组成,面积约5万平方千米。这里地势低平,海拔基本在10 m以下,零星散布着一些孤山残丘,如高邮的神居山、仪征的白羊山、常州溧阳的南山、无锡的惠山、苏州的天平山、常熟的虞山、松江的佘山和天马山等。其中常州溧阳的南山海拔508 m,为吴越第一峰;它们或兀立在平原之上,或挺立于太湖之中,有的成为游览区,有的成为花果山。长三角的地理定点在江苏省仪征市真州镇一带。长三角地区的最低点在江苏省高邮市一带(平均海拔2 m),最高点高于1 000 m,其中高于1 000 m的有位于杭州的天目山以及安徽的黄山。

长三角地形以平原为主,主要由苏南平原、江淮平原、太湖平原、杭嘉湖平原及宁绍平原等组成,适宜农业生产的土地面积比例较高。区域内零星散布着一些低山丘陵,主要集中在苏南及浙西南等地区,有老山山脉、宁镇山脉、宜溧山脉、会稽山脉、天台山脉等。江河湖泊密布,是我国河网密度最高的地区,水系以长江、钱塘江为主,还拥有以太湖为中心的湖泊群。

(2) 气候特征与水土资源

长三角位于太平洋西岸中纬度地区,为中、北亚热带季风气候,区域内气候温和湿润,四季分明,光照充足,但受梅雨和台风影响较大,雨季较长,降水较多,气候条件十分适宜农作物生长。水资源丰富,多年平均本地水资源量达 $573.79×10^8 \text{ m}^3$,单位面积水资源量丰沛,约为 $57.6×10^8 \text{ m}^3/\text{km}^2$,但人均水资源量较低,仅相当于全国平均水平的三分之一。

太湖平原是长三角的主体,以太湖为中心,状如一只大盘碟,地形呈周高中低。长三角定点在南京市、扬州市(高邮)、仪征市一线,北至小洋口,南临杭州湾,海拔多在 10 m 以下;间有低丘(如惠山、天平山、虞山、狼山等)散布,海拔为 200~300 m。长江年均输沙量为 4 亿~9 亿吨,一般年份有 28% 的泥沙在长江中沉积,个别年份高达 78%,三角洲不断向海延伸。长江以南的常州市、常熟市、太仓市、金山区一带的古沙嘴海拔多为 4~6 m;长江以北的扬州市、泰州市、泰兴市、如皋市一带的古沙嘴海拔为 7~8 m。

长三角区域内建设用地扩张较快,2013 年建设用地总面积达 23 947 km²,较 1985 年增长了 230%,开发强度达到 20.8%;2015 年农业播种总面积约 503 万公顷,仅占全国的 4.44%。此外,本区土地后备资源以滩涂、丘陵缓坡地等为主,占全区土地面积的 3%,远远低于全国约 25% 的平均水平,区域土地后备资源相对较少,人地矛盾较为突出。但在 2019 年 12 月,《长江三角洲区域一体化发展规划纲要》(以下简称《规划纲要》)正式印发,规划范围为苏、浙、皖、沪四省市全部区域,长三角地区的发展空间被进一步拓展,土地问题得到一定缓解。

(3) 土壤、植被与自然灾害

长三角地区的地带性植被为北亚热带常绿落叶阔叶混交林和中亚热带常绿阔叶林,但受到的破坏较为严重,现状以天然次生林和人工林为主。平原地区土壤大部分已培育为肥沃的水稻土和旱地耕作土,滨海潮滩为潮土和滨海盐土,山地则以黄壤、红壤和紫色土等为主。此外,长三角地区自然灾害种类较多,但发生级别较低,具有区域性、季节性和阶段性特征。

截至 2020 年底,长三角地区维管束植物 3 200 多种,分属 205 科、1 006 属,约占中国维管束植物科的 60.3%、属的 31.7%、种的 11.7%。其中蕨类植物 34 科、71 属、240 种,种子植物 171 科、938 属。种子植物中裸子植物 7 科、17 属、21 种,被子植物 164 科、921 属、2 900 余种,约占中国种子植物科的 51.4%、属的 31.8%、种的 12.2%。特别在皖南丘陵山区中保存了丰富的古老科、属、种子遗植物。

长三角地区是中国河网密度最高的地区,平均每平方千米河网长度达 4.8~6.7 km。平原上共有湖泊 200 多个。长三角河川纵横,湖荡棋布,农业发达,人口稠密,城市众多,在中国经济中占有重要地位,号称中国的"金三角"。由于地势低洼,历史上洪涝灾害异常严重。为了改变这种状况,国家投资兴修水利工程,西挡淮水,东挡海潮,开挖运河,增强排灌能力,使这个十年九涝的多灾区变成江淮流域的重要粮食生产基地。

(4) 矿产资源与能源供应

长三角各地区之间差异显著,其中上海地区矿产资源较为贫乏,主要以电力、石油油品等二次能源生产为主,风能、潮汐及太阳能等可再生能源较为丰富。江苏地区矿产资源以黏土、建材、冶金辅助原料和有色金属、贵金属等为主,已发现金属、非金属和能源矿产近百种。浙江地区矿产资源以非金属矿产为主,也蕴藏铁、铜等一般金属矿产,其东海大陆架盆地石油和天然气开发前景较好。整体上,长三角能源需求增长迅速,但地区能源相对匮乏,能源自给率很低。能源供应不足成为制约本地区经济发展的因素之一。

(5) 农牧与旅游资源

光热水土条件较好,局部小气候多样,孕育了种类繁多的动植物资源,农副物产尤其丰富,盛产稻米、蚕桑和棉花等。太湖流域自古以来就是农、林、牧、渔各业全面发展的综合性农区,素有"鱼米之乡"之称。水产资源充裕,浙江海域的舟山渔场则是中国四大渔场之一。山明水秀,历史遗存丰厚,区域内拥有众多世界遗产以及国家级自然保护区、地质公园、森林公园等,也拥有多座国家历史文化名城、古镇和古村落等。

2. 交通运输条件

从全球范围看,长三角位于亚太经济区、太平洋西岸的中间地带,处于西太平洋航线要冲,具有成为亚太地区重要门户的优越条件,是我国参与经济全球化的主体区域,在我国的开放格局中具有举足轻重的战略地位。从我国区域格局看,长三角是位于"T"形战略轴线的核心区域,集"黄金海岸"和"黄金水道"的区位优势于一体,是我国"两横三纵"城镇化战略格局中沿海通道纵轴和沿长江通道横轴的交汇处,也是"一带一路"与长江经济带的重要交汇地带,区位战略优势明显。随着交通基础设施体系的不断完善,长三角由铁路、公路、水路及航空等配套组成的立体交通网络已初步形成,对内对外交通联系更为便捷。

(1) 港口运输

中国已成为世界第二大经济体和第一大贸易国,经济的快速发展推动了港口物流行业的发展,促使我国港口物流规模不断扩大,其在世界行列中也保持领先地位。

长三角通江达海,水系和港湾众多,拥有由上海、宁波、苏州、南京、南通等港口组成的面向国际、连接南北、辐射中西部的现代化港口群,与世界160多个国家和地区的300多个港口有着经贸联系,是我国最重要的港航门户。

长三角地区的宁波-舟山港区域是中国资源最优秀和最丰富的地区,目前已形成干线四大基地,即远洋干线港、国内最大的矿石中转基地、国内最大的原油转运基地、国内沿海最大的液体储运基地和华东地区重要的煤炭运输基地,成为上海国际航运中心的重要组成部分和深水外港,是国内发展最快的综合型大港。

截至2019年底,宁波-舟山港货物吞吐量达到11.2亿吨,成为全球唯一年货物吞吐量超11亿吨的超级大港,并连续11年位居全球港口第一,宁波-舟山港持续保持良好发展态势。2019年全球港口货物吞吐量前10统计如表1.2所示。

表1.2 2019年全球港口货物吞吐量前10统计

排名	港口排名	货物吞吐量(万吨)	同比增长(%)
1	宁波-舟山港	112 009	7.9
2	上海港	71 677	0
3	唐山港	65 674	3.1
4	新加坡港	62 618	−0.6
5	广州港	60 616	12.6
6	青岛港	57 736	6.6
7	苏州港	52 275	−1.7
8	黑德兰港	52 188	0.8
9	天津港	49 220	4.1
10	鹿特丹港	46 940	0.5

同时,长三角港口群通过"黄金水道"长江联通资源丰富、工农业产品产量占全国半数的长江流域,具有极为广阔而发达的腹地和市场,对长江流域乃至全国发展具有重要的带动作用。

(2)航空运输

长三角地区拥有上海虹桥、上海浦东、浙江萧山、南京禄口、苏南硕放、宁波栎社等国际机场,机场密度位居全国之首,且超过美国每1万平方千米0.6个机场的密度。航线覆盖超过90个国际(地区)城市和全部国内重要城市,其中上海浦东国际机场、上海虹桥国际机场、杭州萧山国际机场和南京禄口国际机场的年客流量均超千万,是我国重要的航空客流和物流枢纽。

长三角地区的机场数也是冠绝全国。目前已建成通航民用机场23个,其中上海市2个、江苏省9个、浙江省7个、安徽省5个,远超其他几个机场群,这还未算上近10个规划在建的机场。仅从地理分布上看,这些机场在长三角的分布较为均衡。长三角三省一市已建成机场统计如表1.3所示。

表1.3 长三角三省一市已建成机场统计

省市	机场
上海	上海虹桥国际机场
	上海浦东国际机场
安徽	合肥新桥国际机场
	池州九华山机场
	阜阳民航机场
	安庆天柱山机场
	黄山屯溪国际机场
江苏	南京禄口国际机场
	苏南硕放国际机场
	常州奔牛机场
	南通兴东机场
	扬州泰州机场
	盐城南洋机场
	淮安涟水机场
	徐州观音机场
	连云港白塔机场
浙江	杭州萧山国际机场
	宁波栎社国际机场
	舟山普陀山机场
	义乌机场
	衢州机场
	台州机场
	温州龙湾国际机场

在各省内部,机场资源的分布也呈现高度集中的局面。以江苏为例,境内机场密集且均衡,除宿迁、镇江两市外,其余各地级市均有民航机场覆盖:无锡和苏州共用苏南硕放国际机场,扬州和泰州共用扬州泰州国际机场,其余各市拥有单独机场。然而九大机场中,仅有南京禄口国际机场旅客吞吐量超千万,其余众多中小机场在不同程度上,都由于客货吞吐量较小、航线资源少,出现了机场地面设施闲置、机场亏损等现象。

(3) 铁路运输

长三角地区铁路网密集,2015年江浙沪每万平方千米铁路营业里程达280.3 km,远高于全国126.6 km的平均水平。长三角拥有上海、南京、杭州等全国性和区域性铁路客货运综合枢纽,通过京沪、沪汉蓉、沪昆铁路等线路与全国铁路网直通,有利于长三角辐射带动中西部地区发展。近年来,伴随城际铁路和轨道交通的迅速发展,沪宁城际、宁杭高铁、沪杭高铁、杭甬高铁、宁启客专、甬台温高铁、宁安城际等线路先后开通,上海等中心城市通过轨道交通连接都市圈周边区域,增强了城市之间的交通联系,进一步推动了长三角区域一体化深入发展,也使长三角核心区对苏北、浙西南、皖江城市带等区域的辐射带动效应不断增强。

中国铁路上海局集团有限公司介绍,2020年长三角铁路发送旅客突破4.7亿人次,达到4.78亿人次,日均发送130.7万人次,占全国铁路客发总量的22%。其中,上海地区旅客7 500万人次。

国家发展改革委、交通运输部于2020年5月发布的《长江三角洲地区交通运输更高质量一体化发展规划》提出:2025年一体化交通基础设施网络总体形成,对外运输大通道、城际交通主骨架、都市圈通勤网高效联通,基本建成轨道上的长三角,铁路密度达507千米/万平方千米。长三角铁路2020年开通商合杭高铁合肥至湖州段,通沪、合安、连镇南段、衢宁等8个铁路建设项目,新线里程逾1 000 km。

(4) 公路运输

长三角地区高速公路网四通八达,包括沪宁、沪杭甬、宁杭、甬台温等10余条主要线路。

截至2019年底,长三角地区注册机动车保有量4 935.59万辆。其中,私人汽车保有量占机动车总量的85.9%,注册机动车千人拥有率为217.3辆/千人。图1.1所示为2015—2019年长三角地区注册机动车保有量。

围绕"加快轨道交通网建设",2019年长三角三省一市共推进16个轨道交通项目,启动协同研究编制《长三角区域城际铁路网规划》。截至2019年底,长三角运营铁路总里程为 11 526.9 km,密度为 3.21 km/10² km²。其中,高铁里程为 4 974.1 km,密度为 1.39 km/10² km²,长三角地级市铁路站点覆盖率达到97.6%,高铁站点覆盖率达到90.2%,接近发达国家平均水平,多数乡镇实现了 15 min 上高速公路,基本实现高速公路全覆盖。近年来,长三角不断推进干线公路向中小城市和特色城镇延伸。此外,区内各城市十分注重公路客货交通运输枢纽体系以及城市公共交通网络建设,区域对内对外公路运输网络不断完善。

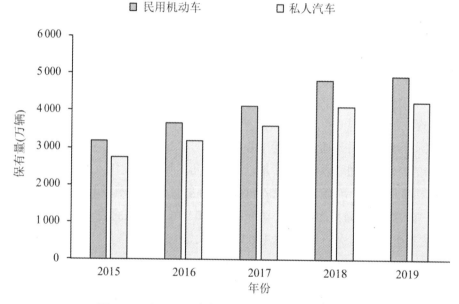

图1.1　2015—2019年长三角地区注册机动车保有量

长三角地区具有良好的交通位置,可以将人力、物流、资金、知识等多种生产要素聚集起来,对促进经济、社会各方面的持续发展起到了很大的促进作用,同时也为长三角地区进一步发展长江经济带,实现内外市场对接、参与国际竞争、地区结构调整等方面起到了积极的作用。

(二) 经济与社会发展概况

1. 经济发展概况

(1) 经济总量

截至2020年底,从经济增长速度来看,长三角地区增速均在全国之上,处于领先水平。2020年,长三角三省一市地区生产总值平均增速为3.2%,高出全国0.9个百分点;规模以上工业增加值增速为4.8%,高出全国2个百分点;固定资产投资增速为5.3%,高出全国2.4个百分点;社会消费品零售总额增速为-0.3%,高出全国平均水平3.6个百分点;进出口增速为7.2%,高出全国5.3个百分点。分地区来看,上海市生产总值增速为1.7%,江苏省为3.7%,浙江省为3.6%,安徽省为3.9%;规模以上工业增加值增速分别为1.7%、6.1%、5.4%和6.0%;固定资产投资增速分别为10.3%、0.3%、5.4%和5.1%;社会消费品零售总额增速分别为0.5%、-1.6%、-2.6%和2.6%;进出口增速分别为2.3%、2.6%、9.6%和14.1%。除进出口增速这一指标外,安徽省增速指标基本处于领先地位,其他省市指标排名差异波动较大,有利于缩小地区发展差异,进一步促进长三角一体化发展,发挥区域溢出效应。图1.2、图1.3所示分别为2020年长三角三省一市主要经济指标和主要经济增速指标。

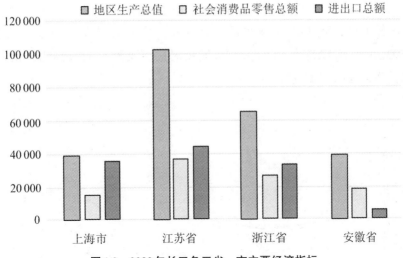

图1.2　2020年长三角三省一市主要经济指标

就经济总量而言,长三角41个城市GDP总量过万亿元的有上海(38 700.6亿元),江苏的南京(14 817.9亿元)、无锡(12 370.5亿元)、苏州(20 170.5亿元)、南通(10 036.3亿元),浙江的杭州(16 105.8亿元)、宁波(12 408.7亿元),安徽的合肥(10 045.7亿元)。长三角地区GDP平均增速为3.9%,高出长江经济带1个百分点,高于全国平均水平1.6个百分点,其中,长三角41个城市中,GDP增速高于长三角平均水平的有江苏的南京(4.6%)、常州(4.5%)、南通(4.7%)、泰州(6.4%)、宿迁(4.5%),浙江的舟山(12.0%),安徽的合肥(4.3%)、亳州(4.1%)、滁州(4.4%)、六安(4.1%)、马鞍山(4.2%)、宣城(4.0%)、池州(4.0%)和安庆(4.0%)。长三角地区规模以上工业增加值平均增速为6.8%,高于长江经济带平均水平3.1个百分点,高出全国平均水平4个百分点,其中,长三角41个城市中高出长三角平均增速的有江苏的南通(7.1%)和宿迁(7.8%),浙江的舟山(60.2%)及安徽的合肥(8.3%)、滁州(7.5%)、六安(7.7%)、池州(8.4%)和安庆(7.4%)。长三角固定资产投资平均增速为3.4%,高于长江经济带0.2个百分点,高于全国平均水平0.5个百分点,其中,高出长三角平均增速的城市分别有上海(10.3%),江苏的南京(6.6%)、无锡(6.1%)、苏州(6.6%)、南通(5.8%),浙江除嘉兴(3.0%)和舟山(1.5%)之外的其余城市,安徽除亳州(-3.3%)、蚌埠(-3.4%)和铜陵(0.6%)之外的其余城市。长三角进出口总额为118 074.9亿元,分别占长江经济带和全国的78.9%和36.7%,其中,进出口额过万亿元的城市分别有上海和苏州。长三角地区社会消费品零售总额为97 982.3亿元,占全国比重达25.0%,平均增速为-0.1%,其中,长三角地区增速回正的城市有上海(0.5%),江苏的南京(0.9%)、徐州(7%)、常州(0.8%)、南通(0.3%),浙江的湖州(1.0%),安徽的所有城市。长三角地区城镇居民可支配收入为49 593元,平均增速为4.6%,其中,城镇居民可支配总额最高为上海(76 437元),最低为宿迁(32 015元)。

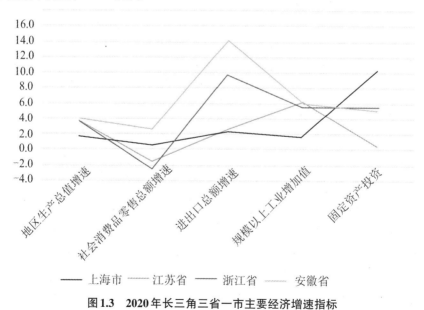

图1.3　2020年长三角三省一市主要经济增速指标

(2)财政发展

长三角城市群是中国经济最发达、最活跃的热土。上海、苏州、杭州、南京、宁波、无锡6个城市都是GDP突破万亿元的城市。

截至2020年底,上海全年财政总收入达到6 665.3亿元,位居全国城市首位,苏州以2 129亿元仅次于上海,位列第二。2020年发布的《关于支持长三角生态绿色一体化发展示范区高质量发展的若干政策措施》(以下简称《支持政策》)指出,要加大对长三角地区的财政、金融支持力度,主要有以下几点措施:一是明确共同出资设立示范区先行启动区财政专项资金,3年累计不少于100亿元;二是积极争取中央专项转移支付和地方政府债券的财政支持,以及中央财政和地方财政共同出资设立示范区投资基金;三是加大金融创新力度,扩大金融领域开放,积极发展与一体化示范区相匹配的特色金融;四是大力发展绿色金融,通过金融组织、融资模式、服务方式和管理制度等创新,积极探索绿色金融发展的有效途径和方式。

这些政策的支持将助力长三角地区的财政经济进一步发展,为我国的都市群建设提供优秀的范本。

2. 社会事业与居民收入

长三角地区集中了大批科研机构和高等院校,科技发展的资源和潜力巨大。2020年,拥有普通高校数超过270所,上海市、江苏8市和浙江7市平均每万人在校大学生分别为212人、290人和260人;研究与试验发展(R&D)经费支出占GDP的比重分别为3.7%、2.3%和2.2%,均超过2.1%的全国平均水平。长三角地区公共服务水平较高,上海、江苏8市和浙江7市平均每万人拥有医生数分别约为26.0个、37.0个和27.5个,每万人拥有医疗床位数分别为42张、52张和51张,每万人公共图书馆藏书量分别达到30.35千册、11.20千册和11.94千册,均明显优于全国平均水平。近年来,长三角地区社会事业投入快速增长,2020年大多数城市的社会事业(以教育、社会保障与就业及医疗卫生等为例)发展财政支出明显增长,且大多数城市的财政投入增长速度快于本市GDP增长速度。财政支出的快速增加带来教育、医疗保险、社区卫生等社会事业的显著发展,九年义务教育入学率与高中阶段新生入学率、社会保险覆盖率、城乡居民最低生活保障标准、社区卫生服务城市人口覆盖率等均处于全国领先水平。

以长三角地区中最具代表性的城市——上海为例,2020年全市一般公共预算收入7 046.3亿元,为调整预算的99.8%,比2019年(下同)下降1.7%。加上中央财政税收返还和补助收入1 118.6亿元,上年结转收入、调入资金、动用预算稳定调节基金等1 149.8亿元,以及地方政府一般债务收入540.4亿元,收入总量为9 855.1亿元。全市一般公共预算支出8 102.1亿元,完成调整预算的98.8%,下降1%。加上上解中央财政支出215.3亿元、地方政府一般债务还本支出328.7亿元、补充预算稳定调节基金1 025.2亿元、调出资金0.2亿元、结转下年支出183.6亿元,支出总量为9 855.1亿元。全市一般公共预算收支执行平衡。

市级一般公共预算收入3 295.1亿元,为调整预算的100%,下降3%。加上中央财政税收返还和补助收入1 118.6亿元,上年结转收入、区级上解收入、调入资金、动用预算稳定调节基金等656.6亿元,以及地方政府一般债务收入540.4亿元,收入总量为5 610.7亿元。市级一般公共预算支出2 752.6亿元,完成调整预算的106.8%,增长4.7%。加上上解中央财政支出215.3亿元、市对区税收返还和转移支付支出1 782.6亿元、地方政府一般债务还本支出73.1亿元、地方政府一般债务转贷支出350.4亿元、补充预算稳定调节基金385.1亿元、调出资金0.2亿元、结转下年支出51.4亿元,支出总量为5 610.7亿元。市级一般公共预算收支执行平衡。

2020年,市级教育支出287亿元,完成预算的101.2%;科学技术支出214.9亿元,完成调整预算的105.7%;社会保障和就业支出399.5亿元,完成调整预算的103.7%;卫生健康支出241.6亿元,完成调整预算的107.1%;公共安全支出176.5亿元,完成调整预算的107.6%;农林水支出99.3亿元,完成调整预算的126.3%;节能环保支出102.1亿元,完成调整预算的96.7%。

上海市政府用8项措施保障民生:

① 支持坚决打赢脱贫攻坚战。加大扶贫协作和对口支援支持力度,提高本市东西部扶贫协作财政援助县均投入标准,安排落实对口支援与合作交流专项资金76.8亿元,较上年增加安排7.6亿元,助力对口地区所有贫困县脱贫摘帽、贫困人口脱贫出列。深化消费扶贫行动,通过各级预算单位优先采购、预留采购份额等方式,加大对扶贫地区农副产品、扶贫产品的采购力度。

② 支持促进就业和保障困难群众基本生活。扩大创业担保贷款政策覆盖面,全年发放贷款8.5亿元,继续免收创业担保费。安排落实培训费补贴、以工代训补贴、高技能人才培养基地资助等15.4亿元,支持开展职业技能提升行动,推进家政服务体系建设,支持第46届世界技能大赛筹办。上调本市城乡最低生活保障标准。安排猪肉流通领域补贴、绿叶菜产能提升奖补资金3.2亿元,支持做好重要民生商品保供稳价工作。落实社会救助和保障标准与物价上涨挂钩联动机制,及时发放价格临时补贴。

③ 支持优化养老和托育服务。安排落实118.7亿元,开展长期护理保险制度试点。安排落实5.6亿元,引导各区加大对新增养老机构床位、存量养老机构升级

改造、困难老年人居家养老服务补贴、增加嵌入式养老服务设施的建设与供给等方面的支持力度。提高养老金等民生保障标准。坚持政府引导、家庭为主、多方参与，支持普惠性托育机构建设，加快构建本市托育服务体系。

④ 支持旧区改造和城市更新。统筹安排落实455.6亿元，推进中心城区成片二级旧里以下房屋改造、旧住房综合改造和"城中村"改造。安排落实38.9亿元，支持既有多层住宅加装电梯工程，加快推进架空线入地和合杆整治工程，继续支持各类保障性住房建设。

⑤ 推进实施乡村振兴战略。安排落实105亿元，建立健全以绿色生态为导向的农业补贴政策体系，大力发展都市现代绿色农业；深化推进农村集体产权制度改革，支持开展农村综合帮扶工作，通过"造血"项目加快带动农民增收；支持推进农民相对集中居住，保障村庄改造和乡村振兴示范村创建，深化城乡发展一体化。

⑥ 支持发展公平而有质量的教育。安排落实教育经费287亿元，支持教育优先发展、优质发展，支持深化本市教育领域综合改革，支持推进高校"双一流"建设。在全国率先形成覆盖学前、小学、初中、高中、高校各个教育阶段的生均支出标准体系。修订完善本市学生资助资金管理实施办法，保障家庭经济困难学生受教育权利。

⑦ 全面推进健康上海行动。安排落实97.3亿元，支持公立医院基本建设、开办和大型医疗设备购置等。安排落实财政专项资金5.9亿元，支持市级医院临床技能与临床创新三年行动计划和临床重点专科建设。安排落实对城乡居民医疗保险补助资金83.6亿元，提高城乡居民医疗保险筹资水平。

⑧ 支持加强公共文化服务体系建设。围绕提高城市文化软实力，安排落实87.6亿元，保障红色文化传承弘扬工程建设，加大红色资源保护力度；加大对历史文物保护和非物质文化遗产传承的支持力度，支持社会主义文艺精品创作；积极推进文旅融合发展，支持举办各类文旅活动；支持重大公共文体设施建设，推动群众性文化活动繁荣活跃。

在人均可支配收入方面，2020年全国人均可支配收入32 189元，长三角27个城市平均可支配收入为45 469元，高出全国人均13 280元。27个城市中，有21个城市人均可支配收入高于全国平均值。上海以72 232元领跑，苏州、杭州、南京3市也在60 000元以上。有9个城市人均可支配收入在50 000～60 000元，是分布最集中的区间，这一区间里，浙江占据7市。分省份看，浙江8市人均可支配收入为55 667元，江苏为48 211元，安徽为31 907元。具体如表1.4所示。

表1.4 长三角城市群2020年人均可支配收入

排名	城市	人均可支配收入(元)	排名	城市	人均可支配收入(元)
1	上海	72 232	15	南通	42 608
2	苏州	62 582	16	马鞍山	42 392
3	杭州	61 879	17	合肥	41 619
4	南京	60 606	18	泰州	39 701
5	宁波	59 952	19	扬州	38 843
6	无锡	57 589	20	芜湖	36 829
7	绍兴	56 600	21	盐城	33 707
8	舟山	55 830	22	宣城	30 746
9	嘉兴	54 667	23	铜陵	29 568
10	常州	52 080	24	蚌埠	29 247
11	湖州	51 800	25	池州	26 404
12	台州	50 643	26	滁州	25 711
13	金华	50 580	27	安庆	24 647
14	镇江	46 180	平均人均可支配收入		45 469

(三) 人口、城镇化与文化发展概况

1. 人口发展概况

20世纪80年代,乡镇工业、民营经济快速发展以及知青回城等推动长三角地区人口进入增长高峰,人口增长约1 200万;20世纪90年代,浦东开发开放以及开放型经济发展带来外来人口大量涌入;2000年后长三角地区人口再次进入增长高峰,人口增速于2010年达到顶峰。2011年开始,长三角地区常住人口增长急剧放缓,2014年人口总量达到高峰(约11 017.93万),较1980年增长了58.3%。2015年,长三角地区常住人口约为10 982.84万人,约占全国总人口的8.0%,较2014年减少了约35万人,自2000年以来首次出现人口负增长。总体而言,"十二五"以来长三角地区人口集聚及城镇化速度趋缓,成为该地区人口增长新常态。此外,城市间人口增长存在较大差异,2000年以来增长的2 000多万人,有4/5分布在上海、南京、杭州、宁波、苏州、无锡等城市,而苏中沿江以及浙江部分县市人口大多为负增长。

据第七次人口普查公报数据测算,2020年末长三角地区常住人口总数达2.35亿人,比2019年居世界第5位的巴基斯坦人口(2.17亿人)还多,占全国大陆人口的比重由2010年的16.1%升至16.7%。以陆域面积计,人口密度为656人/km²,是全国平均水平的4.5倍。

人口数量激增,相当于多出一座新一线城市的人口。长三角地区常住人口比2010年增加1 961万人,年均增长0.87%,增幅远大于全国平均水平(0.53%)。10年前北京市常住人口为1 961万人,长三角地区10年来增加的人口与此相当。

江苏人口规模稳居第一,浙江人口增量最大。三省一市常住人口中,江苏居第一,浙江反超安徽居第二。10年来,浙江和江苏分别增加1 014万和609万人,占长三角地区人口总增量的51.7%和31.0%,其中,浙江人口年均增速为1.72%,远高于上海、江苏和安徽。安徽人口增幅低于全国平均水平。全国和长三角地区常住人口变化情况如表1.5所示。

表1.5 全国和长三角地区常住人口变化情况

地区	2020年常住人口(万人)	2010年常住人口(万人)	增量(万人)	年增速(%)
全国	141 178	133 972	7 206	0.53
长三角地区	23 522	21 561	1 961	0.87
上海	2 487	2 302	185	0.78
江苏	8 475	7 866	609	0.75
浙江	6 457	5 443	1 014	1.72
安徽	6 103	5 950	153	0.25

长三角地区人口流动更趋活跃,浙江外来人口数量最庞大。普查数据显示,三省一市常住人口中,浙江流动人口最多,达2 556万人,10年增长37.3%,其中6成多来自外省(1 619万人)。上海常住人口中,外省来沪人口达1 048万,占42.1%。江苏有流动人口2 366万人,10年增长51.1%,其中4成多来自外省(1 031万人)。安徽流动人口规模(1 387万人)为三省一市中最小,但增速最快,10年增长144.6%,其中88.8%为省内流动。

长三角地区城镇化水平快速提升。据普查数据测算,三省一市常住人口中,居住在城镇的人口突破1.67亿人,10年来增加3 959万人,年均增长2.15%,远高于三省一市常住人口年均增速(0.87%)。三省一市城镇人口占常住人口的比重为70.8%,比2010年提升11.9个百分点,比全国平均水平(63.9%)高6.9个百分点,其中上海、江苏、浙江分别达89.3%、73.4%和72.2%,而安徽城镇化率为58.3%,尽管提升较快,但仍低于全国平均水平。

长三角地区人口向都市圈核心区域高度集聚,杭州跻身千万级行列。从长三角41个地级及以上市的常住人口规模看,上海、苏州、杭州超过1 000万人级,位居前三;温州、宁波、合肥、南京、徐州均超过900万人,前8个市合计占长三角地区人口总量4成以上,逐步呈"一核多副"的城市格局。18个市的人口规模超过500万人级,其中江苏7席、浙江7席、安徽3席,与2010年相比,增加常州、嘉兴和绍兴3个市。杭州人口规模反超温州升至前三,跻身千万级行列,宁波、合肥反超南京和徐州,升至前六。不同规模常住人口分组的数量变动情况如表1.6所示。

表1.6 按不同规模常住人口分组的41个地级及以上市数量变动情况

常住人口分组	2020年	2010年
≥1 000(万人)	3个市(上海、苏州、杭州)	2个市(上海、苏州)
500～1 000(万人)	15个市(温州、宁波、合肥、南京、徐州、阜阳、南通、无锡、金华、盐城、台州、嘉兴、宿州、常州、绍兴)	13个市(温州、杭州、徐州、南京、宁波、阜阳、合肥、南通、盐城、无锡、台州、金华、宿州)
100～500(万人)	23个市	26个市

41市人口增减继续分化,空间分布非均衡程度显化。核心区域人口规模大,增幅也较大;外围区域人口规模相对小,增幅也相对小。41市中常住人口增加的有28个,其中人口增量超过100万的有杭州、苏州、合肥、上海、宁波、金华、南京、无锡8市,这8个市常住人口规模合计9 216万人,10年共增加人口1 518万,年均增长1.82%,远高于长三角平均增速(0.87%),增量合计占长三角人口增量的77%,增量最多的杭州10年增加323万人,年均增长3.21%。有22个市的人口增速低于全国平均水平,其中13个市为负增长,主要位于长三角外围区域。

可见,伴随经济社会发展进入新常态以及上海等中心城市控制人口总量规模政策调控、中小城市人居环境改善等,长三角地区人口集聚格局未来也会产生新的演化态势。

2. 城镇化概况

城镇化被认为是改善国民收入结构、提升农村地区居民收入的重要途径。

第十三届全国人大农业与农村委员会副主任委员、中国社会科学院国家高端智库首席专家蔡昉指出:促进城镇化,让大量在土地上谋生的人群,转变为"挣工资"的人群,有助于改善国民收入结构,进而有效扩大中等收入群体。

针对城镇化进程,《规划纲要》也提出了相应的发展目标:"到2025年,常住人口城镇化率达到70%。"

(1) 城镇化进程

据第七次全国人口普查数据,长三角41个地市中,已有17个城市率先实现70%的常住人口城镇化率目标,其中上海城镇化水平最高,2020年上海市常住人口城镇化率已接近90%。长三角地区城镇化水平分析如图1.4所示。

与此同时,尚有9个城市2020年常住人口城镇化率还未达到60%,其中,六安、宿州、亳州、阜阳的城镇化率更是不及50%。目前,阜阳是长三角地区常住人口城镇化率最低的地市。

据第七次全国人口普查数据,2020年阜阳全市常住人口总数为820.03万人,其中有475.83万人居住在乡村,常住人口城镇化率仅为41.97%,距离70%的目标差距较大。

总体来看,安徽地市城镇化进度相对落后,常住人口城镇化率排名后10位的城市中,有9个城市来自安徽。

由此可见,在未来5年中,长三角地区若想如期完成常住人口城镇化率70%的目标,安徽将是需要重点发力的地区。

(2) 城镇化发展新格局

20世纪80年代,人口和经济主要集聚在上海、南京、杭州、宁波的市区,苏锡常乡镇经济发展带动沪宁城镇沿线密集发展。20世纪90年代,浦东开发开放,沪宁、沪杭甬沿线高速公路建成通车,上海周边及沪宁-沪杭甬沿线大量开发区建设,带动了沿线连绵发展。同时,苏南县域经济高速发展,沪宁沿线和沿江城镇扩张较快。2000年以来,沪宁-沪杭甬沿线中心城市规模不断扩大,逐步向服务经济转型,城市功能也日益完善,上海成为全国及全球中心城市,南京、苏州、无锡、杭州、宁波成为长三角地区副中心城市,昆山成为开放前沿和台资集中地,形成以上海为中心的城市连绵带。同时,江苏推进沿江开发,浙江推进沿杭州湾开发,苏南滨江城镇和杭州湾新城区建设加快,县城区规模不断扩大,形成沿江和沿湾城镇密集区,与沪宁、沪杭甬沿线大城市分工联系日益密切;苏中沿江随着岸线开发和宁通、扬启等高速公路建设,扬泰通城市得到较快发展,形成点轴城镇化格局。2009年以后,江苏和浙江的沿海开发战略上升为国家战略,加上苏通、杭州湾大桥的建成,沿海地区城镇化快速发展,沿海岸带和沿海交通通道形成城镇发展轴,点轴发展态势更为明显。近年来,伴随长三角一体化不断深入,城市联系日益紧密,城镇化空间结构由单中心向多中心、圈层式和网络状发展,城市群结构体系向扁平化方向发展,多中心、网络化发展成为长三角城市群发展的趋势。

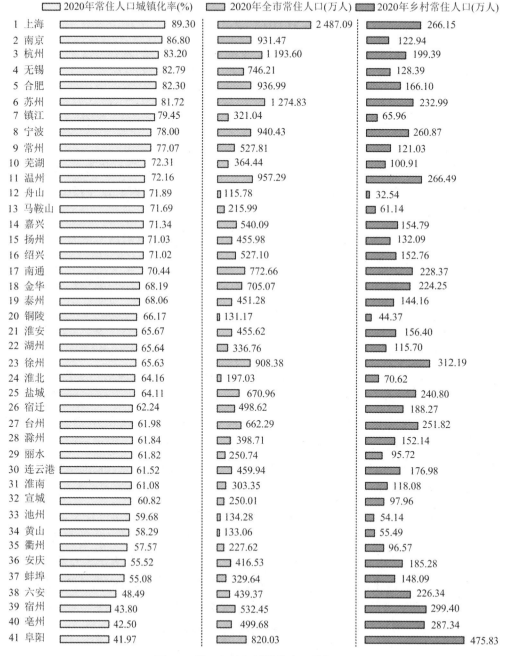

图1.4　长三角地区城镇化水平分析

3. 文化概况

长三角地区在2 000多年的历史发展过程中,具有得天独厚的自然地理环境和资源优势,孕育了具有独特魅力的文化系统,具有勤劳、务实、开放以及富有市场观念和竞争意识等特征的文化特质,对区域经济社会发展产生深远的影响。

首先,从文化地理学的视角看,长三角地区是吴语和江淮官话两个汉语文化区域的融合区,长三角地区的吴越文化、海派文化和江淮文化也具有明显的文化特色。吴越文化可以视为西周贵族从关中带来的中原文化,以及太湖流域和宁绍平原吴越土著文化的结合;在中原文化、资本主义萌芽等因素的作用下,吴越文化的文化内涵更为丰富,其鲜明的特点是开放、包容,该地区的人民勤劳、聪慧、性情温和,同时又不乏侠义。基于吴越文化,上海等沿海地区在西方现代工业文明的熏陶下,逐步形成了"包容"的海派文化,具有吴越传统、典雅、开放、创新、现代、时尚等特点。苏南宁镇、扬州等原本是古吴语的边缘地带,但由于受到中原官话及文化的影响,宁镇、淮扬、泰州等方言与中原官话最为相近。

其次,长三角地区文化具有"经世致用""重商主义"的特色,这与古代北方文化的核心价值观、"重农抑商"等基本经济指导思想形成鲜明对比。近代以来,在"经世致用""实业救国"的大旗下,长三角地区大力引进西方的工业技术,兴办了大批的民族工商业,涌现了一大批具有爱国情怀的工商巨擘,例如南通张謇、苏州贝氏家族、无锡荣氏等。商品经济的发展,也造就了一个地区"开放、包容"的社会文化品质,使得长三角地区在发展中可以吸收其他文明的成果,并逐步走向繁荣。改革开放后,长三角地区出现了乡镇企业,开放、竞争、诚信、创新等特质造就了长三角地区经济发展的奇迹,而长三角地区的现代工业与市场经济逐步形成了一种可持续发展的文化价值观,同时也在不断地塑造和优化这个地区的现代人文性格,自由、平等、开放、竞争、诚实信用、开拓创新是现代人文的一个主要特点,而这些品质也在不断地推动经济社会的全面发展和进步。

二、长三角地区发展的历史沿革

(一) 封建社会时期

1. 先秦时期

长江三角洲是近6 000多年来由长江所携泥沙堆积形成的河口冲积平原,地理顶点位于镇江市、扬州市一线(仪征真州镇附近),北至通扬运河、南临杭州湾,自然地理意义上包含江苏省东南部、上海市以及浙江省杭嘉湖地区。长三角区域是我国最早有人类活动的区域之一,在新石器时期、铜石并用时期等文化考古期内先后孕育了河姆渡文化、马家浜文化、崧泽文化、良渚文化、马桥文化等考古文化体系,而进入青铜时代,长三角区域的文化体系已然趋于一致。但是,长江三角洲形成初期,区域内自然灾害严重、交通闭塞、人口稀少,未能形成大规模的城镇建设与工农业发展,人类生计以水田稻作为主,兼有狩猎、渔捞、饲养、采集、手工业等活动。因此,与黄河流域进入夏商周时期相比,长江下游地区的经济社会发展进程相对缓慢,工农业生产和城镇建设等技术手段较为落后。

春秋战国时期,铁器工具的出现使得林地开垦、沟渠与海堤修筑等成为可能,很大程度上改善了区域自然条件,促进了长三角区域经济社会发展进程,加速了土地开发与城镇建设,也孕育了吴越文化和楚文化等。这一时期,长三角主要包括吴越两国所属区域,而且两国文化相近、语言相通,加之战国后期诸侯国不断相互兼并,长三角开始属于同一诸侯国或行政区(楚国),因此区域文化认同较高。但区域交通运输条件仍较为落后,加之常年战乱,城镇间人口迁徙较为频繁,经济社会发展水平相对较低。

2. 秦汉时期

秦朝时期,长三角开始分属不同行政区,长江以南(江南)和长江以北(江北)分属会稽郡(治所吴县,今江苏苏州)和东海郡(治所郯县,今山东郯城)。西汉期间,江南地区大部分仍属会稽郡,吴县(今江苏苏州)逐渐成为地方行政与经济中心,但今江苏南京及周边地区属丹阳郡(治所宛陵,今安徽宣州),而江北地区分属广陵国(建都广陵,今江苏扬州)和临淮郡(治所徐县,今江苏泗洪)等不同行政区。至东汉时期,江南地区行政区划被进一步分割,由原会稽郡中分置吴郡(治所吴县,今江苏苏州),会稽郡(治所山阴,今浙江绍兴)辖区缩小至杭州湾南岸的宁绍平原。三国与魏晋南北朝时期,连年战乱使长三角行政区划调整较为频繁,但基本上均分属不同郡县。可见,这一时期长三角行政区划分割现象日趋严重,初步形成了以长江、宁镇山脉、钱塘江为界,分属不同二级行政区的格局,其中江南、江北地区分属不同的一级行政区。长江、钱塘江等自然条件的约束以及行政区划分割的影响,很大程度上阻碍了长三角城市间的交流合作。但这一时期,因太湖流域大多属于同一行政区,水网密布,交通运输条件相对较好,因此其内部经济社会发展进程较快,城市间存在一定的分工协作。

3. 隋唐及两宋时期

隋朝将东汉末年开始实行的州郡县三级行政区划制改为州县(后为郡县)两级制,长三角江南、江北地区均属扬州,分属江都、丹阳、毗陵、吴、余杭、会稽等县。唐朝时期实行道和府(下设州县)的政区建制,江南、江北地区再次分属不同的一级行政区,江北地区属淮南道的扬州,江南地区大部分地区属江南东道,但分属润州、常州、苏州、湖州、杭州、越州和明州等二级行政区。五代十国时期常年战乱,长三角及太湖流域地区行政区分裂严重,分属吴国(后为南唐)和吴越国。北宋时期实行路州县政区制,江北地区分属淮南东路的扬州、泰州和通州,江南地区的太湖流域地区、宁绍平原地区均属两浙路,而南京及周边地区则属江南东路的江宁府;南宋时期将两浙路分割为东西两路,太湖流域地区属两浙东路,而杭州湾以南的绍兴、庆元两府属两浙东路。

这一时期,江南、江北地区以及杭州湾南北地区仍分属不同一级行政区,但二级行政区,尤其是太湖流域行政区划较为稳定,内部经济社会发展进程较快。此外,这时期中国经济重心南移,不断改善的交通和贸易条件加强了长三角城镇之间的人员往来和经济联系,尤其是京杭大运河的扩修与贯通串联了沿长江地区、太湖流域、里下河平原、钱塘江流域与沿杭甬运河地区等,强化了江南苏州、杭州等与江北扬州之间的交流、合作。

4. 元明清时期

元朝开始设立行省制,长三角江南、江北地区分属江浙行省和河南江北行省,江南地区内部分属集庆、镇江、常州、江阴、平江、松江、湖州、嘉兴、杭州、建德、绍兴、庆元、台州等路(府);而江北地区内部则主要分属扬州路和高邮府。明朝时期改行省为承宣布政使司,长三角行政区划发生根本性转变,江北扬州与江南的应天、镇江、苏州、松江、常州等开始属于同一个一级行政区,即南直隶;而杭州、湖州、嘉兴、绍兴、宁波等属浙江省,由此太湖流域分属江苏、浙江两省,形成了江浙两省的分界线。清朝时期,南直隶改称江南,后分为江苏、安徽两省,长三角划归为江苏省,但旧属两浙西路的镇江、常州、苏州、松江等归江苏巡抚驻苏州布政使管辖,而江宁、扬州、通州等归两江总督兼江宁布政使管理;浙江省内部行政区划较为稳定。

这一时期,长三角江南、江北地区逐渐同属一级行政区,但太湖流域则分属江浙两省,长三角江浙分割的格局开始显现。城镇间交流合作虽受行政区划阻碍,但长三角已成为中国经济中心,发达的手工业、商贸业、农业使区域内形成一批以经济功能为主的重点市镇,城市间分工与协作体系初步显现,如南京、苏州、杭州为纺织业及其贸易中心,扬州为中国南北粮、盐等商品转运与贸易中心,无锡、常州为粮食集散地等。

(二) 近代

此时,长三角仍主要分属江浙两省,上海于1843年开埠通商,在1905年左右江苏省短暂地分为江淮省(包括镇江、常州、苏州、松江等城市)和江苏省,国民政府于1927年设立上海特别市,长三角分属行政区。总体而言,这一时期行政区划与明清时期较为相似,且相对稳定。伴随对外通商、允许外资输入、长江航运以及中国近代工业的发展,上海依托区位、特殊政策与港口、腹地等优势,逐渐成长为中国工商业、贸易与金融中心,并能够辐射带动南京、苏锡常、杭嘉湖与扬州等城市工商业发展,使长三角经济的外向度及其内部关联程度进一步提升。

这时期,长三角地区基本形成以上海为中心的城市间产业协作与功能分工体系。虽然抗日战争与解放战争时期,长三角经济全面衰退,区域内城市间联系十分薄弱。但总体来说,1949年前以上海为中心的近代工商业、贸易的发展以及城市建设,为本区域一体化发展奠定了一定的基础。

(三) 现代

中华人民共和国成立后,长三角分属江苏省、浙江省和上海市。从中华人民共和国成立至20世纪70年代后期的即计划经济时期,受计划经济体制与封闭型经济发展战略影响,这时期长三角区域的城市联系以国家计划调拨为主,缺乏自主交流与协作，行政壁垒与市场分割很大程度上阻碍了区域一体化进程。于1961年在上海设立的华东局是这时期长三角地区省市间进行区域协作的主要机构，但其为中央政府派出机构。长三角区域协作实质上形成了上海与江苏、浙江之间领导与被领导的关系，城市间自发性交流合作较少；且这时期各城市大办工业，城市间定位重复、功能趋同，缺乏专业化分工与协作。

改革开放初期，为打破长三角地区内部地域界限与行政分割，探索建设以大城市为依托的网络型经济区，1983年国务院成立上海经济区，其被视为长三角经济圈的雏形。随后安徽省、江西省、福建省加入，长三角经济圈扩展至五省一市。上海经济区先后通过"规划工作会议""首脑会议""10市市长联席会议"以及《上海经济区发展战略纲要》《上海经济区章程》等，促进了区域内各城市产业、交通、能源、外贸、技术改造、环境综合治理等方面的联系和合作，成为长三角一体化早期实践探索的重要内容。但由于缺乏统一协调的行政权力，且区域间经济差异太大，利益难以协调，上海经济区最终在1988年被撤销，在1990年前后长三角区域一体化进程经历短暂停滞。

20世纪90年代"浦东开发开放战略""长江发展战略"等国家战略相继提出，促进了上海及沿江城市的开发开放，长三角经济发展、城镇建设等迈上新台阶，也促使区域一体化发展进入新阶段。

在浦东开发开放战略背景下，1992年6月国务院召开长三角及沿江地区规划座谈会，提出"以上海浦东开发开放为龙头，进而推动长三角和长江沿江地区开发开放"等战略决策，明确长三角规划范围为沪宁杭等14个城市，战略意义上的长三角由此诞生。同年，长江三角洲城市协作部门主任联席会议召开，开始了城市间合作领域的商讨与初步实践，长三角区域一体化序幕就此拉开。1993年上海提出推动长三角都市圈发展的构想，主要由上海、江苏、浙江"一市两省"组成，力求加强上海与苏州、嘉兴、宁波等周边城市的合作。1996年长江三角洲城市协作办（委）主任联席会首次明确提出"长三角经济圈"的概念。经历短暂停滞的长三角区域一体化进程在这一时期重启，以政府为主导，企业、社会民间组织等多重主体开始共同推动长三角区域协作，城市间合作重点为旅游市场和产品的联合开发、跨界交通基础设施的建设等，长三角综合交通运输等一体化发展概念也逐渐形成。

伴随全球化与我国改革开放的深入，国内外生产要素在区域内流动日益频繁，长三角市场自由化与城市政府间的合作程度有所提升，城市间的交流合作领域不断扩展，政府、企业、民间等各层面协商协调机制日益完善，长三角区域一体化进入加速发展阶段。

2001年上海、江苏、浙江三方共同发起召开首届沪苏浙经济合作与发展座谈会，会议中有关城市间协作的决议很大程度上加快了长三角交通、能源供应等方面的一体化进程。2003年江浙沪主要领导频频互访，先后就基础设施建设、产业分工、生态环保、科教人才等方面签订一系列协议。2003年3月在上海市与浙江省主要领导座谈会中，时任浙江省委书记的习近平倡议："建立沪苏浙三省市主要领导定期会晤机制以及相关的专项议事制度，并从政府、企业、民间等多方着手，加强多方位、经常性的交流与合作，积极推动各类经贸活动的开展。"同年，以"世博经济与长江三角洲联动发展"为主题的长江三角洲城市经济协调会第四次会议召开，会议决定接纳台州市加入长江三角洲城市经济协调会，协调会成员扩展至16个城市。2004年江浙沪主要领导座谈会召开，标志着长三角区域协作与一体化发展进入江浙沪最高决策层的视野。

2007年长江三角洲地区经济社会发展专题座谈会在上海举行，在这次21世纪以来长三角协作发展最高规格的座谈会中，国务院总理、江浙沪主要党政领导、国家部委主要负责人共商长三角率先发展、科学发展的基本思路和政策举措，明确将"推动重大基础设施建设一体化，提升区域合作功能和效率"作为新时期长三角经济社会发展的重要举措，要求江浙沪"两省一市"以及城市间加强科学规划和统筹协调，进一步完善以市场为基础、企业为主体、政府引导、多方参与的区域合作交流机制。座谈会前后，由国家发改委、商务部、交通部等十多个部委组成的调研组先后赴长三角各城市，就区域协调发展成果与政策措施开展密集调研，开始研究制定关于长三角改革开放和经济社会发展的指导性文件。由此可见，长三角区域一体化发展重新进入国家战略决策视野，长三角迎来开启区域一体化发展新里程的重要机遇。基于以上背景，江浙沪党政代表团在2007年前后先后相互进行走访交流，"两省一市"高层领导在区域协作与一体化发展等问题上寻求和达成一系列新共识。同时，以长三角城市经济协调会会员为主的各城市间、相关部门间的协调会、研讨会密集召开，有力推进了长三角城市间经济社会各个领域的深度合作。

2008年为推动长三角地区在新时期又好又快发展，国务院正式出台《关于进一步推进长江三角洲地区改革开放和经济社会发展的指导意见》，长三角区域一体化发展正式上升为国家战略决策，对长三角和中国经济社会发展均具有划时代的意义。2010年《长江三角洲地区区域规划》正式颁布实施，标志着长三角区域一体化发展正式成为国家重要的区域发展战略。2014年习近平总书记明确提出要求长三角率先一体化发展,随后沪苏浙皖一市三省提出共建"区域一体化大市场",并初步实现长三角"海关区域通关一体化"。2016年《长江三角洲城市群发展规划》正式颁布实施,作为长三角城市群一体化发展的指导性、约束性文件,将加快推进长三角一体化进程,也进一步突出了长三角在我国现代化建设大局和全方位开放格局中的战略地位。

2020年12月科技部印发《长三角科技创新共同体建设发展规划》,计划于2025年形成现代化、国际化的科技创新共同体。长三角地区科技创新规划、政策的协同机制初步形成,制约创新要素自由流动的行政壁垒基本破除。涌现一批科技领军人才、创新型企业家和创业投资企业家,培育形成一批具有国际影响力的高校、科研机构和创新型企业。研发投入强度超过3%,长三角地区合作发表的国际科技论文达到2.5万篇,万人有效发明专利达到35件,PCT国际专利申请量达到3万件,长三角地区跨省域国内发明专利合作申请量达到3 500件,跨省域专利转移数量超过1.5万件。

计划于2035年全面建成全球领先的科技创新共同体。一体化的区域创新体系基本建成,集聚一批世界一流高校、科研机构和创新型企业。各类创新要素高效便捷流通,科技资源实现高水平开放共享,科技实力、经济实力大幅跃升,成为全球科技创新高地的引领者、国际创新网络的重要枢纽、世界科技强国和知识产权强国的战略支柱。

三、长三角地区一体化发展进程

(一) 长三角一体化协作机制

1992年成立长江三角洲城市协作办(委)主任联席会,由上海、无锡、宁波等14个城市组成,开始探索构建区域合作平台与协商协调机制。为进一步打破行政壁垒、推进城市间经济协作以及加强合作组织协调能力等,长三角各城市协作部门负责人通过长时间的交流、研讨,1997年成立了由各城市市长或分管市长参加的长江三角洲城市经济协调会,在中国率先建立了区域内城市间协商协调机制,积极组织各城市就规划、旅游、港口等专题开展合作交流。

近年来，长江三角洲城市经济协调会逐步扩充苏北、浙东南、皖江城市带等地区的城市，如合肥、盐城、马鞍山、金华、淮安、衢州6个城市于2010年成为协调会成员，徐州、芜湖、滁州、淮南、丽水、温州、宿迁、连云港8个城市于2013年成为协调会成员。长江三角洲城市经济协调会合作机制主要由会员城市之间以专题的形式进行不同领域的协作，城市间协作的重点领域有规划、旅游、人才科技、信息、港口交通等。协调会按城市笔画每两年（2004年后每一年）在执行主席方所在城市举行一次市长会议（由市长或分管市长参加）以及一次工作会议，每次会议均会结合长三角一体化的重要问题设置特定的合作领域与专题，城市间共商相关事宜及具体政策措施。

如长江三角洲城市经济协调会先后以促进"区域发展规划""区域物流一体化""公共服务均等化"等为主题，并先后设立信息、规划、科技、产权、旅游、协作等专题（表1.7），长三角区域协作领域由早期的旅游、交通基础设施等扩展到环保、科技、信息交流、物流、规划协作、信用法制、金融保险、涉外服务、产业转移、城市经济合作等方方面面。在旅游方面，三地政府在区域旅游市场管理、旅游形象以及产品促销等领域开展了合作，区域旅游合作协调机制基本建立；在交通方面，开始注重各地区之间交通规划的对接，提升区域交通运输服务质量；在环境方面，区域协作治理的认识开始形成，在联合治海等领域取得了一定的成果等。

表1.7　历次长三角城市经济协调会合作领域与专题

会议	年份	合作领域与专题
第一次	1997	旅游市场和产品联手开发、商业连锁发展2个专题
第二次	1999	科技合作、产权交易、对内开放、旅游商贸4个专题
第三次	2001	科技交流与合作、产权交易、信息交流与合作、旅游、商贸5个专题
第四次	2003	区域性科技市场、区域物流流通、旅游一体化、国企改革、信息平台建设、交通运输网络、生态环境保护等专题
第五次	2004	物流信息一体化、交通规划衔接、科技设施共享、区域产权交易、旅游标识设置、协作信息互换6个专题
第六次	2005	区域信用体系建设、区域教育资源整合、交通一卡通、协调会功能建设4个专题
第七次	2006	新增资料信息中心建设、毕业生异地就业、交通卡互通3个专题
第八次	2007	深化物流信息一体化、交通规划衔接、科技设施共享、区域产权交易、旅游标识设置、协作信息互换、港口联动、海关"通关"改革、人才规划编制、资料信息中心建设、毕业生异地就业、交通卡互通12个专题

续表

会议	年份	合作领域与专题
第九次	2009	新增金融合作、医疗保险合作2个专题
第十次	2010	新增园区共建、长三角异地养老合作、长三角现代物流业整合和提升3个课题
第十一次	2011	新增农业合作专题;新增高端商务旅游产品开发、互联网终端应用、港口发展、长三角城市生活幸福圈、中心城市治理交通拥堵、进沪客运大巴快捷通行、知识产权协作机制、产业转移与承接利益分享机制等合作课题
第十二次	2012	新增专利运用合作体系建设和口岸合作2个专题;新增民营中小企业转型发展、城市群社会管理、法制一体化、文化产业合作、高新技术企业合作创新、创新创业人才交流合作、基本公共卫生服务一体化、城乡二元结构破解、城市协同发展管理等合作课题
第十三次	2013	新增长三角品牌建设专题;新增城市公共事件应对机制、战略性新兴产业共性技术合作产业化、传统制造业升级路径、陆海统筹发展战略、现代农业合作机制、生态环境治理合作机制等合作课题
第十四次	2014	新增长三角城镇化提升主要路径及智能研究专题;新增产业升级与国际竞争力研究、公共服务均等化、合作共建开发区管理机制、加强江海发展等合作课题
第十五次	2015	新增环太湖城市生态文明建设、都市圈经济、运河国际旅游产品联动开发与营销、建设科技创新型城市群、家庭农场发展模式与趋势研究等合作课题
第十六次	2016	新增完善智慧共享的基础设施、打造万物互联网络协同的产业生态链、以"互联网+"推动城市转型和民生事业改善等议题
第十七次	2017	以"加速互联互通,促进带状发展——共推长三角城市一体化"为主题的2017长江三角洲城市经济协调会第17次市长联席会议在淮召开
第十八次	2018	就积极对接、参与"一带一路"和长江经济带发展,深化实施《长江三角洲城市群发展规划》,加速推进长三角一体化进程,加快建设长三角世界级城市群等内容进行了深入讨论,并共同签署了《长江三角洲地区城市合作(衢州)协议》
第十九次	2019	此次会议对提交的《关于吸纳蚌埠等七城市加入长三角城市经济协调会的提案》予以审议。经审议,全票通过蚌埠等七个城市加入长三角城市经济协调会

续表

会议	年份	合作领域与专题
第二十次	2020	以"长三角城市合作:新动能　新格局　新作为"为主题,强调在统筹推进长三角疫情联防联控和经济社会发展的同时,不断完善区域协作的机制和体系,提升城市合作的广度和深度,丰富城市合作的内涵和形式,增强城市合作的专业化服务,推动城市间更加务实高效合作
第二十一次	2021	统筹好疫情防控和经济社会发展,不断完善区域协作的机制和平台,丰富城市合作的内涵和形式,聚焦重点领域、重点区域、重大项目、重大平台,推动城市间更加务实高效合作

为健全区域合作平台与交流机制,上海、江苏、浙江三方坚持平等协商、互惠互利、讲求实效、共同发展等原则,以政府为指导、市场为基础、企业为主体,共同发起召开首届"沪苏浙经济合作与发展座谈会",重点探讨了区域大交通体系、生态环境治理、信息资源共享、旅游合作、天然气管道网络建设等合作领域,并分别成立专题小组。首届座谈会还通过《沪苏浙经济合作与发展座谈会制度》,将这一"三方合作会议"明确为长三角城市间经济社会领域交流合作与协调协商的长效机制。如在2001—2003年前后,苏浙沪三方就有关沪宁高速公路的联合收费、衔接路段的改扩建等问题达成共识,长三角开始加速迈向公路交通一体化。这一时期内,苏浙沪基本实现天然气管网的互联互通与气源互补,初步开展了太湖水域的水污染防治与生态保护行动,开展了三省市电子地图资源开发的合作机制研究,召开了"江浙沪旅游年"等一系列政府和民间的交流合作活动。

随后,首届苏浙沪主要领导座谈会于2004年召开,标志着以苏浙沪主要领导定期会晤机制为主的长三角省(市)层面一体化合作机制与平台初步建立。其中,长三角地区主要领导座谈会机制为决策层,主要是苏浙沪皖党政主要领导每年举行会晤,商议、提出长三角区域合作的重点领域与要求,分别由三省一市政府相关部门分头组织落实;长三角地区经济合作与发展座谈会为协调层,是政府建立的由常务副省长参加议事的协调机制,座谈会主要沟通协商重点协作领域及其主要合作内容等。而联席会议办公室和11个重点合作专题组为执行层,是长三角一体化过程中具体项目推进的主要执行组织。

可见,改革开放以来长三角区域一体化深度、广度进一步强化,区域一体化的合作更显制度化、全面化。长三角基本形成了"三级运作、统分结合、务实高效"的区域合作机制,由决策层、协调层和执行层组成三级运作机制,大大增强了区域合作的针对性、协调性和有效性,尤其是以实行重点合作专题协调推进制度为主要内容的执行层,通过"联席会议办公室""重点合作专题组"以及"长三角城市经济合作组"等合作形式,基本实现了地方政府间平等磋商、制度合作,也促进了区域内行业协会开展跨地区行业互动与联合等。长三角一体化过程中也形成了政府部门与行业协会间的合作机制,所辖城市政府各职能部门、各地行业协会与民间组织等也建立了联席会议、论坛、合作专题等多层级、多形式的合作机制。此外,长三角内部也逐渐形成了若干以某一城市为核心、制度化的次区域城市联盟,如杭州都市经济圈、南京都市圈、浙东经济合作区、合肥经济圈等。按照参与者的行政层级及空间尺度,可概括为省(市)、城市、次区域及分部门四个层面。

(二) 长三角一体化的政策基础

2008年《关于进一步推进长江三角洲地区改革开放和经济社会发展的指导意见》(国发〔2008〕30号)正式出台,首次明确了长江三角洲地区包括上海市、江苏省和浙江省,并提出进一步推进长三角改革开放和经济社会发展的重要意义、总体要求、主要原则、发展目标和重要任务。该指导意见也明确了未来长三角服务业发展、工业结构优化、城乡统筹发展、创新型区域建设、世界级城市群建设、重大基础设施一体化、资源节约型和环境友好型社会建设、文化和社会事业建设、完善社会主义市场经济体制、构建开放型经济体系等方面的重点方向和主要政策举措,鼓励长三角各省市进一步探索新形势下管理区域经济的新模式,加强基础设施建设、产业分工与布局、生态建设与环境保护等方面的联合与协作,积极推进泛长江三角洲区域合作,通过经济协作和技术、人才合作等带动和帮助中西部地区发展。

为了应对国际金融危机等国内外经济社会发展新形势,推进实施国家区域发展总体战略,加快长三角转型升级发展,进一步增强长三角综合竞争力和可持续发展能力等,《长江三角洲地区区域规划》于2010年正式印发,成为指导长三角新时期发展的纲领性文件和编制相关规划的依据。同时,规划确定长江三角洲地区包括上海市、江苏省和浙江省,并首次提出将上海、南京、苏州、无锡、常州、镇江、扬州、泰州、南通、杭州、宁波、湖州、嘉兴、绍兴、舟山、台州16个城市作为长三角核心区,初步明确了长三角区域一体化发展的指导思想、功能定位等,并在产业发展布局、重大基础设施建设、区域内资源配置、生态环境保护、区域协调发展等合作领域提出具体措施和实施方案,提出建设区域统一开放的要素市场、"信用长三角"、"大通关协作区域"、区域统一法制环境等建设任务。此外,还提出加强泛长三角合作,尤其是加强与安徽等周边地区的联合与协作,建立健全泛长三角合作机制,促进要素跨地区自由流动、人口和产业有序转移等。

2016年《长江三角洲城市群发展规划》颁布实施,规划明确长三角城市群范围除了长三角核心区16个城市以外,还包括江苏省盐城市、浙江省金华市和安徽省的合肥、芜湖、马鞍山、铜陵、安庆、滁州、池州、宣城等城市,有利于统筹长三角核心区发展,辐射带动泛长三角及中西部地区发展。此外,规划还提出"城市群一体化发展的体制机制更加健全"等发展目标,明确推动市场体系统一开放、基础设施共建共享、公共服务统筹协调、生态环境联防共治等方面的重点任务和措施,有利于进一步消除阻碍长三角生产要素自由流动的行政壁垒和体制机制障碍,加快健全多元化主体参与、多种治理模式并存的城市群治理机制,创建城市群一体化发展的"长三角模式"。

2019年,中共中央、国务院印发了《长江三角洲区域一体化发展规划纲要》,纲要指出:在推动长三角一体化发展领导小组的直接领导下,领导小组办公室要加强规划纲要实施的跟踪分析、督促检查、综合协调和经验总结推广,全面了解规划纲要实施情况和效果,适时组织开展评估,协调解决实施中存在的问题,及时总结可复制、可推广的政策措施。重大问题及时向党中央、国务院报告。完善规划实施的公众参与机制,广泛听取社会各界的意见和建议,营造全社会共同推动长三角一体化发展的良好氛围。

2021年4月,国家发展改革委关于印发《2021年新型城镇化和城乡融合发展重点任务》的通知中指出:健全城市群一体化发展机制。制定京津冀协同发展、粤港澳大湾区建设、长三角一体化发展"十四五"实施方案。

纵观长三角区域一体化发展历程,不难发现自然环境与交通运输条件改善、战争与经济社会环境稳定、中央-地方政府府际关系与行政区划分割、市场经济发育程度、经济全球化影响等均是左右各城市分工协作进程的重要因素。首先,人类社会对自然环境本底条件改造优化、克服自然环境灾害以及改善地区交通运输条件等,是区域一体化发展的基本前提条件,如隋唐时期以来长三角农田水利设施建设不断完善,洪涝灾害次数明显减少,稳定的农业生产为该地区经济社会发展提供重要保障,而京杭大运河的扩建开通在一定程度上打破了长江天堑阻隔,增加了长江南北、运河沿线城市的经济社会往来。中华人民共和国成立以来,南京、江阴、泰州、苏通长江大桥等过江通道建设以及区域内综合交通运输网络的不断完善,进一步增强了城市间的人流、物流联系，推动了长三角一体化发展进程。

　　近代时期、改革开放以及21世纪经济全球化深化发展以来，长三角均不同程度地融入全球产业、贸易与创新网络中，尤其是近年来城市群建设与区域一体化发展也不断成为国家和地区参与全球竞合的重要途径和形式，中央、地方各级政府致力于推动长三角率先、一体化发展，努力将长三角建设成为世界级城市群，共同打造最具经济活力的资源配置中心、具有全球影响力的科技创新高地、全球重要的现代服务业和先进制造业中心以及亚太地区重要国际门户等。

第二章 长三角区域一体化发展的实际手段

第一节 长三角基础设施一体化

交通是长三角开展区域合作较早的领域之一,起源于多种方式的交流协商与规划衔接。随着合作深度推进,合作的重点从早期区域交通基础设施的共建,演化为区域交通运输市场的合作与一体化,从注重交通规划的相互衔接到注重交通运输服务质量的提升。

一、交通一体化

在长三角地区交通领域合作初始阶段,国家层面的推进起到了重要作用。随后,交通领域成为长三角地区政府及相关部门推进区域合作的重点领域。地方政府既是交通一体化政策的制定者与执行者,又是交通一体化发展的受益者,利益的一致性使得合作之初各城市之间的互动频繁。合作方式包括相关规划的协商与衔接,政府、学术机构乃至企业组织的各类交流(论坛)以及政府部门间定期举行的各类联席会议等,合作成果包括利益相关方签署的各类协议以及共同发布的相关规划等。历经多年的合作,交通领域已建立起相对正式的制度化合作机制。

20世纪80年代,随着改革开放的推进,滞后的交通发展水平以及行政区经济下交通发展的各自为政,使得交通对于长三角区域发展的制约越来越明显。进入

20世纪90年代后,国家层面开始关注长三角交通一体化,并开展了相关规划研究。1992年中国计划出版社出版了国家计委综合运输研究所完成的世界银行项目《长江三角洲地区综合运输规划研究》,为国家和地方政府进行长三角交通一体化的规划建设提供了依据和参考。

2000年以后,随着经济全球化和区域一体化进程的深入推进,长三角在国家区域经济格局中的地位日益突出,推进区域交通一体化发展,改善区域交通运输条件成为地方与中央政府关注的重点。

2004年5月,由长三角两省一市的交通部门联合编制的首部跨区域的《长三角都市圈高速公路网规划方案》发布,提出了沪、宁、杭、甬3小时互通,长三角都市圈内城市1日往返的目标。

2005年《长江三角洲地区现代化公路水路交通规划纲要》和《长三角地区间综合交通规划方案》相继出台,前者是首部由交通部牵头制定的区域性交通规划纲要,后者重在对高速公路、轨道交通、内河航运等各类交通系统规划的统筹。

继而交通主管部门又于2009年3月联合印发《长三角道路运输一体化规划纲要》,提出以打造一体三通的区域道路客运网络体系、三网叠加的区域物流网络体系、四网合一的汽车后市场维修保障服务体系为重点,建立"运力充分、衔接顺畅、运行高效、服务优质、安全环保"的道路运输体系的发展目标,将规划重点从基础设施建设一体化拓展到运输服务与市场一体化。

2011年,交通部门进一步联合印发《长三角道路运输业"十二五"发展纲要》,明确了"十二五"期间区域道路运输业发展的重点。

2015年12月在合肥召开的长江三角洲地区三省一市主要领导座谈会,明确提出了要以上海为中心,以南京、杭州、合肥为副中心,加强区域铁路、水路、公路、航空等交通规划对接和项目建设,形成"多三角、放射状"大交通联动发展格局。

同时,各市在制定本地区交通规划时也更为重视路网的对接。例如,在2001年编制的《江苏省高速公路网规划(2001—2020年)》中,江苏将全面融入长三角高速公路网作为高速规划的重点,在规划前期交通部门就规划方案的接轨进行多次协商与沟通,将"打破行政区域,强化区域联合"的理念灌输到规划编制中;2005年浙江省对高速公路网规划进行修订,大大强化了与省外高速公路的衔接,在现有5个对外高速公路口的基础上,规划新增13个对外高速公路口,其中与江苏、上海对接的高速公路口由3个增加到8个。

2020年4月,国家发展改革委和交通运输部正式印发《长江三角洲地区交通运输更高质量一体化发展规划》。规划以打造"轨道上的长三角"为重点,加快推进长三角对外交通、城际交通、都市圈交通等多种层级有效衔接和有机融合的轨道交通体系;提升港口和机场辐射能级,全面提高一体化运输效率、服务品质和融合水平,构建层次清晰、协同高效、智慧互联、绿色安全的现代化综合交通运输体系。主要有以下四点发展目标:

1. 优化内联外通运输通道

以提升高速铁路通道能力为重点,优化对外铁路布局,贯通沿海、沿江等高速铁路,充分发挥徐州经合肥至黄山的高速铁路作用,完善长三角地区高速铁路环状布局,优化普速铁路网络。

2. 打造城际交通网

依托多向立体、内联外通的运输主通道,以上海为核心,以南京、杭州、合肥、宁波为中心,强化沪宁合、沪杭、合杭甬、宁杭、沪甬、合安、宁芜安、甬舟等城际运输通道功能。加快高速铁路连接线、城际铁路建设,利用干线富余运力开行城际列车,构建以轨道交通为骨干的城际交通网,实现中心城市间 $1\sim1.5$ h 快速联通。统筹推进铁路、公路、城市交通等合并过江、跨海。

3. 构建都市圈通勤交通网

统一规划建设都市圈交通基础设施,加强中心城市与都市圈内其他城市的城际和市域(郊)铁路、道路交通、毗邻地区公交线路对接,加快构建上海大都市圈以及南京、杭州、合肥、苏锡常、宁波都市圈1小时通勤网。

4. 强化综合交通枢纽衔接和辐射功能

重点强化上海国际线综合交通枢纽,联动苏州、南通、嘉兴等打造国际门户枢纽集群,提升南京、杭州、合肥、宁波—舟山等枢纽国际服务水平。加快连云港、徐州、无锡、温州、金华—义乌、蚌埠、芜湖等全国性综合交通枢纽建设,强化淮安、湖州、阜阳等区域性综合交通枢纽衔接辐射带动作用,优化不同层次枢纽城市分工协作。

预计到2025年止,一体化交通基础设施网络总体形成,基本建成"轨道上的长三角",铁路密度达到 507 km/万 km^2。构建以轨道交通为骨干,公路网络为基础,水运、民航为有效补充,上海、南京、杭州、合肥、苏锡常、宁波等为主要节点,对外高效联通、内部有机衔接的多层级综合交通网络。

二、信息一体化

围绕长三角交通一体化发展，政府、企业联合学术团体举办了大量座谈会与论坛，不仅达成了多方共识，也为区域交通的一体化和科学发展提供了决策依据。

2003年6月，上海市市政工程管理局、江苏省交通厅和浙江省交通厅共同签署的《关于共同组织区域中心城市间公路通道规划研究的意见》提出组织"长三角都市圈城际公路交通发展论坛"。2003年7月第一届上海论坛召开；随后在10月份召开的第二届南京论坛，就公路规划有关接口作了实质性研究；2004年5月第三届杭州论坛开始探讨如何尽快实施长三角高速公路联网收费，同时商定区域间联手整治超载超限运输，统一使用"96520"道路运输公共服务电话号码等一体化合作事项。

2005年11月，由上海市、湖北省、重庆市和交通部共同发起、沿江七省二市参加的"合力建设黄金水道，促进长江经济发展"座谈会在北京召开，中共中央政治局常委、国务院副总理黄菊出席会议并作重要讲话，会议达成发展长江水运的共识，初步确定建设长江黄金水道、发展长江水运的总体目标。同年12月，国家发展改革委综合运输研究所主办的"长三角综合交通'十一五'发展论坛"在浙江宁波召开，与会代表就长三角综合交通发展规划框架中的若干问题展开了热烈讨论。

随着合作的深入，区域交通信息共享日益引起长三角地区交通部门的关注。

2013年12月，在交通运输信息资源共享合作第二次联席会议上，交通主管部门联合签署《长三角（两省一市）交通运输信息资源共享合作框架协议》，由此上海、江苏、浙江迈入交通运输信息化"一盘棋"时代。在这次会议上，还进一步完善了长三角交通运输信息资源共享合作联席会议制度，建立了信息资源共享机制，明确了共享信息内容。

于2020年发布的《长江三角洲地区交通运输更高质量一体化发展规划》中提到，推进交通运输服务一体化，要围绕客运"一体化"、货运"一单制"、交通"一卡通"和信息服务"一站式"，加快完善长三角地区品质高端、经济高效的客货运输服务供给体系。

其中，提升客运服务能力，推进城际旅客联程运输发展，鼓励开展空铁、公铁等联程运输服务，全面推行长三角地区联网售票一网通、交通一卡通，在长三角生态绿色一体化发展示范区率先实现交通出行"同城待遇"。探索开展城际旅客跨运输方式异地候机候车、行李联程托运和城际"行李直挂"等业务。积极推进运输服务与旅游融合发展，推出杭黄国际黄金旅游线等精品线路和特色产品。

三、联席会议制度

制度是一体化推进的重要保障，合作伊始，一体化机制体制的建立就成为努力的方向，联席会议制度逐渐成为长三角交通一体化推进的制度保障。相关部门建立的联席会议制度覆盖领域日益宽广，表明交通协调机制逐步形成，合作开始迈入制度化的轨道。

2003年8月道路运输管理部门签订了《长三角地区道路运输一体化发展议定书》，标志着长三角道路运输一体化合作正式启动。根据上述协议，交通主管部门建立了长三角道路运输轮值协调委员会制度，旨在协调区域道路运输的政策和法规，统一市场准入条件，逐步形成区域道路运输大市场。随后在2004年7月，运输管理部门召开首届长三角道路运输稽查联席会议，就建立健全道路运输稽查网络、实现长三角运政稽查一体化达成共识，此后每年召开一次，并于2007年的会议上接纳福建、江西、安徽、山东和河南等省为联席会议正式成员。2006年，两省一市港口管理部门建立合作联席会议制度，在2007年举行的第二次联席会议上成立了港口规划与建设、港口市场监管、港口安全与环保、港口信息与培训4个合作工作组，以促进港口合作，解决长期以来存在的港口功能雷同、布局分散、经营同质化等问题。2007年，江苏省、浙江省、安徽省和上海市交通主管部门、公路管理机构联合高速公路联网收费结算中心和相关开发商共同召开长三角区域高速公路联网不停车收费第一次省(市)级联席会议，在后续会议上，成员单位逐步拓大，江西、福建等省先后加入，区域高速公路联网收费工作取得实质性进展。

2006年，早期由单一运管部门组建的联席会议制度上升到交通主管部门和运输机构共同推进的层面，形成了长三角道路运输一体化联席会议制度。同年5月，"长三角地区道路运输管理一体化联席会议"第一次会议在上海举行，交通主管部门联合签署了《关于加快推进长三角地区道路运输管理一体化的备忘录》，明确了长三角道路运输管理一体化下一步发展的重点，内容涵盖客运、货运、车辆租赁、维修、驾驶员培训等诸多领域，一整套"一步到位"的整合方案浮出水面，标志着长三角道路运输管理一体化进入了一个新的发展时期。根据该联席会议制度,三地交通主管部门每三年制定一次"长三角道路运输一体化推进计划",用以明确各阶段的合作重点、确定各个项目的负责方,并及时汇报工作进展,就需要协调的关键问题互通信息。

在2009年6月举行的年度联席会议上,交通主管部门签署《关于创建长三角地区省际道路运输客运"品牌班线"合作框架协议(暂行)》《长三角区域交通广播战略合作协议书》《关于推进长三角地区道路货运(物流)一体化发展的若干意见》等政策文件,同时还创办了《长三角道路运输》杂志,致力于提升长途旅客客运服务和货运服务水平,同时为方便短途客流往来,试点开展了长三角毗邻地区长途客运公交化。

2020年,上海市交通委员会、嘉兴市交通运输局、苏州市交通运输局、青浦区交通委员会、嘉善县交通运输局、吴江区交通运输局、长三角交通一体化研究中心在苏州吴江联合召开综合交通衔接联席会议。与会各部门一致认为:一是共同加快推进铁路建设。要共同加快推进沪苏湖、通苏嘉甬等铁路建设,加快推进苏锡常都市快线与上海嘉闵线等城际铁路衔接,加快推进铁路苏州北站、苏州南站、太仓站等综合客运枢纽规划建设,积极加快推动环沪高铁综合枢纽群构建。二是共同加快推进省际断头路。加快推进苏台高速、S605等建设,筹备推进第二批省际断头路项目,提升路网互联互通水平。三是聚焦一体化示范区。以先行启动区为核心,率先推进交通基础设施互联互通,率先联合打造跨界生态文化廊道,加强绿色生态一体化发展示范区交通合作,为长三角一体化发展探索路径和提供示范。四是积极构建一体化协同。构建一体化协同体制机制,合力推进事关一体化的重点项目和重大事项。

四、机场群建设

《长江三角洲地区交通运输更高质量一体化发展规划》提出,长三角将主动适应新一轮国际经贸格局调整和全球产业链分工,强化国际枢纽机场与周边干线、支线机场协调联动,优化提升港口国际供应链位势和价值链协作水平,打造具有国际竞争力的世界级机场群和港口群。

机场方面,规划提出长三角将从四个方面构建协同联动的世界级机场群:

1. 提升航空枢纽综合服务功能

统筹长三角地区航空运输市场需求和机场功能定位,优化配置各类资源,通盘考虑上海周边城市机场布局规划和建设,巩固提升上海国际航空枢纽地位,增强面向全国乃至全球的辐射能力。

2. 统筹优化航线网络结构

优化上海浦东机场和虹桥机场与国际、国内主要节点城市的航线网络,疏解非中心枢纽功能,使杭州萧山机场、南京禄口机场、合肥新桥机场、宁波栎社机场的航线网络更加合理、更加便捷。强化与"一带一路"国家(区域)的空中航线网络,促进浦东机场与"一带一路"国家、区域间的航线合作。

3. 提升机场集疏运能力

加快机场、铁路等运输方式的有效衔接,建立一批以空铁联运为中心的现代化航空枢纽。全面提高虹桥综合运输中心的管理水平,使浦东机场与苏浙铁路联通的轨道交通网络更加健全。加快推进在杭州、南京、宁波、温州等地的干线铁路,推进合肥机场的建设。

4. 促进航空产业发展

大力发展现代临空经济,加速上海、南京、杭州、宁波等长三角区域的航空工业集群。加快虹桥地区高端商务、会展、交通等功能的深度整合,集聚发展总部经济、创新经济、商务会展等现代服务业。

五、互通互联建设成果案例

(一)青浦区东航路对接吴江区康力大道新改建

该项目东起青浦区东航路,西跨越元荡(湖)与吴江区康力大道对接,道路等级为二级公路,建设规模为双向四快二慢车道,红线宽度40 m,全长约2.27 km,含有桥梁4座,总投资约2.3亿元。项目已于2019年初开工建设,目前正在进行路基土方和桥梁基础施工,2020年底实现通车。

该项目是推进示范区道路互联互通,促进区域经济社会发展再上新台阶的重大民生工程。项目的建设为打通省际断头路,打破行政区划带来的交通阻隔,提高省际路网可达性具有重要意义。

项目建成后有利于集散G50沪渝高速的交通,提升青西地区对外交通辐射能力,有力促进长三角一体化发展。

(二) 青浦区复兴路北延伸段(淀山湖大道—江苏省界)新改建

该项目北起江苏省界,接昆山市曙光路,南至青浦区淀山湖大道,接现状复兴路,全长约2.12 km。其中,涉及对昆山境内曙光路进行改造,改造长度约0.11 km;青浦境内复兴路长度2.01 km,红线宽度32~44.82 m,含新建桥梁7座。建设规模为双向四车道,总投资约3.37亿元。项目于2018年12月开工,经过道路路基和桥梁结构施工建设,于2020年底前实现通车。

通过本项目,一是加强上海和昆山地区的联系,促进环淀山湖战略协同区共同发展,完善朱家角镇骨干路网;二是环淀山湖交通环路初步形成,推动世界级湖区水乡古镇文化休闲和旅游资源的整体开发利用;三是通过复兴路雨污水管道施工和周边水系整治项目的实施,淀山湖周边的生态环境进一步改善,保护江南水乡的自然风貌。

(三) 跨区域公交互联互通

公交互联互通是打破行政区划壁垒、打造协同高效管理体制机制、加快管理制度创新的大胆尝试,同时也是完善示范区公交网络、提高客运服务水平的重要举措。

截至2020年底,示范区跨省公交线网已形成跨省域公交线路17条,其中"长三角一体化示范区公交"5条,跨省毗邻线路12条,运营总里程达325 km,日均投运41辆车,日发超600班次,日均服务旅客出行近万人次。下一步将结合实际,不断优化线路走向、站点设置、运营时间等,加快打造跨区域便捷交通网络,进一步增强区域出行的通达性、便利性,让群众有实实在在的获得感。

(四) 青浦区外青松公路北段(白石公路—江苏省界)新改建

外青松公路是上海市青浦区与江苏省昆山市省省对接的一条主要通道。本项目新改建段落位于青浦区白鹤镇,南起白石公路,北至江苏省界,对接昆山绿地大道,路线全长约3.36 km。昆山段路线长度约为0.8 km。外青松公路道路等级为二级公路,设计速度为60 km/h,规划红线宽度为31～41 m,全线采用双向6车道规模。

本项目共新建特大桥1座(吴淞江大桥),大桥1座(北中新河大桥),其中北中新河大桥连续跨越青龙江、北中新河、东大盈港;新建跨河中桥4座。全线设置雨、污水管道,项目总投资约为17.22亿元。项目已于2018年12月开工,于2021年底实现通车。

(五) 政务服务"一网通办"

2019年以来,青浦、吴江、嘉善三地政务服务部门同步设立了"长三角一体化"服务专窗,建立三地联络小组,落实专人负责,探索为示范区内企业提供绿色通道服务,实现企业常态化开办一日办结。通过打造青、吴、嘉三地线上专栏,统一访问入口,形成异地通办事项清单和异地办理专窗清单。

探索"跨区域通办"模式,通过"收受分离、异地可办",共发放"跨区域通办"营业执照10张,其中一张为证照联办。此外,青吴嘉三地还将市民、企业需要的高频事项、民生事项、常用证明等纳入长三角政务服务"自助通办",推进电子证照跨省应用,实现企业营业执照、身份证、驾驶证等8类电子证照共享互认。截至目前,一体化示范区已布设统一的综合自助终端151台,青浦、吴江、嘉善分别有152项、442项、202项事项和证明纳入"自助通办"。吴江"长三角一体化"服务专窗已实现区、镇两级中心全覆盖。嘉善设立国际创新中心(上海)政务服务专区,探索形成"前台在上海、后台在嘉善"的政务服务新模式。

第二节　长三角区域金融合作

2003年,中国人民银行上海分行与南京分行共同承担了"长三角金融合作"的课题研究,并由两行分管副行长出任项目负责人。同年4月,两行召开长江三角洲金融合作框架研究会,提出从"三个视角"出发研究长三角金融合作问题。随后两行联合发布了《长江三角洲金融合作框架研究总报告》，提出了重点建设信息流、资金流和人才流的金融联动设想。2004年底，由苏浙沪三地银行同业工会共同主办的"长三角16城市银行业合作和发展与上海国际金融中心建设高峰论坛"在上海举行，将长三角银行业合作置于上海国际金融中心建设的大背景下进行讨论。为了推进上海国际金融中心建设，2005年8月中国人民银行建立上海总部，意欲充分发挥上海金融市场对长三角的引领作用，加速长三角的金融合作与发展。

2007年，上海市、江苏省、浙江省人民政府与中国人民银行在沪共同签署《推进长江三角洲地区金融协调发展支持区域经济一体化框架协议》，设立了推进长三角金融协调发展工作联席会议制度，标志着金融协调发展工作进入新阶段。2010年5月，国务院正式批准《长江三角洲地区区域规划》，长三角发展上升到国家战略的层面。随后"长三角合作与发展共同促进基金"正式启动，有利于建立长三角的长效合作机制。2014年，南京、宿迁、扬州、泰州、镇江、淮安、芜湖、马鞍山、滁州、宣城10市签署《泛长三角区域城市金融创新合作联盟战略协议》，共同推进金融市场开放合作、金融改革试点共建以及支付和征信系统创新等工作。作为中国经济发展创新的重要区域和互联网金融高地，长三角从2015年开始将互联网金融纳入区域金融合作的重要内容，特别是"长三角互联网金融高层对话"论坛的举办，标志着苏浙皖沪三省一市正式开展互联网金融跨区域合作，以期更好地为实体经济、创新创业服务。

2016年，《长江三角洲城市群发展规划》正式发布，提出围绕上海国际金融中心建设以及中国(上海)自由贸易试验区建设，提高金融市场一体化程度，切实发挥金融协调发展工作联席会议等平台的作用，加快推进金融信息、支付清算、票据流通、信用体系、外汇管理一体化；强化金融监管合作和风险联防联控，合力打击区域内非法集资，建立金融风险联合处置机制；做实"信用长三角"合作机制。上海市制定了国际金融中心建设"十三五"规划，立足于自贸区建设，充分利用"长江经济带"发展机遇，推动区域金融市场对内和对外开放。随着我国金融改革与金融市场对内开放的进一步加速，上海金融枢纽作用的强化将有利于推动长三角金融合作的深化。

金融能够支持长三角经济发展提质增效。一是金融支持长三角G60科创走廊先进制造业高质量发展，重点支持人工智能、集成电路等七大领域科创与制造业企业。二是稳步推进长三角地区征信体系建设，优化融资环境。三是提升绿色金融支持高质量发展和绿色转型的能力。

2020年2月,央行、银保监会、证监会及上海市政府等发布的《关于进一步加快推进上海国际金融中心建设和金融支持长三角一体化发展的意见》中提出,坚持以"强协作、优服务、建机制"为导向,会同"一市三省"金融管理部门聚焦加快提升金融服务长三角重点领域、重点区域、重大项目、重大平台的效率和水平,更好支持长三角高质量一体化发展。一是打破银行授信、移动支付及相关基础设施等跨区域经营的障碍。二是支持上海金融市场辐射服务长三角。三是优化完善长三角金融政策协调和信息共享机制。

同年4月,央行上海总部等12个部门发布《关于在长三角生态绿色一体化发展示范区深化落实金融支持政策推进先行先试的若干举措》,围绕推进同城化金融服务、试点跨区域联合授信、支持设立一体化金融机构等方面提出16条具体举措。

在长三角一体化战略推进下,在沪的金融机构加大力度服务长三角,纷纷成立专属机构,发布有针对性的金融方案和措施。

第三节 长三角区域生态保护合作

从行政区域上看,长三角内部有明确的行政区域界线,但环境污染和生态安全健康问题却紧密联系在一起,成为一个不可分割的整体。早期的行政管理体制只要求地方政府对本地环境质量负责,因此在实际的环境保护工作中难免出现各自为政的局面,缺乏统一的战略和部署。直到20世纪90年代,长三角在环境保护领域的合作才开始逐渐在流域水资源保护、海洋治理以及区域大气防控等方面展开了探索:通过城市间合作,初步形成了区域环境保护合作联席会议制度,该制度成为区域整体环境质量改善的重要保障。

一、生态保护合作发展历程

长期以来,快速工业化与城镇化进程以及相对传统粗放的经济增长方式,导致长三角区域水、大气、土壤等生态环境问题日益突出,严重阻碍了区域健康、可持续发展。在长三角环保意识普遍增强以及行政区单元内传统环境治理方式失灵等形势下，政府、企业、社会等多主体共同参与的区域环境合作治理力度不断增强，生态环境保护合作和实践路径不断完善，先后经历作而不合、合作共识形成、合作具体落实与深化等发展阶段，打造"绿色长三角"也成为区域合作和一体化发展的新目标。

在国家水利部和环保部的领导下，1995年和1996年相继成立了高层次的太湖水资源保护委员会和专门负责太湖流域水污染防治问题的太湖流域水污染防治领导小组，并于1998年联合组织开展了"聚焦太湖零点行动"。

由于这些流域水资源保护机构大都是从属于中央政府水利部门和环保部门，地方政府的参与程度很小，地方政府间的互动较少，府际合作仅在太湖流域水资源保护方面略有体现。

2008年4月，江苏省环保部门在充分征求上海市、浙江省环保部门意见的基础上，出台了《长三角环境合作平台建设工作计划》，推动区域环保合作由宏观的政府导向转向具体领域的探索。同年，在国家发改委等部委的协调和指导下，三地政府及环保、水利等部门联合出台《太湖流域水环境综合治理总体方案》和《关于太湖水环境治理和蓝藻应对合作协议框架》，并签署《长江三角洲地区环境保护工作合作协议（2008—2010年）》，标志着规制政策工具开始在区域环保合作中发挥作用。之后，长三角相关城市环保主管部门又联合制定《长三角区域大气污染联合防治工作方案》《2010年上海世博会长三角区域环境空气质量保障联防联控措施》《"绿色奥运"区域大气环境保障合作协议》，将区域环境合作拓展到大气联防联控。

2013年，长江三角洲城市经济协调会第十三次市长联席会全体会议的参会城市首次通过并签署了《长三角城市环境保护合作（合肥）宣言》，旨在进一步强调和明确长三角成员城市还将共同构建区域环境保护体系，共同推进区域环境质量改善，提高区域环保科技交流水平，创新多主体参与环境保护模式，促进区域生态环境安全。上海、江苏、浙江、安徽等地不断通过加强立法、编制规划、统筹资金等方式部署区域环保重点任务，如上海市启动第六轮环保三年行动计划，共设水、大气、土壤、固废、工业、农村农业、生态和循环经济8个专项领域和若干保障措施；江苏省先后发布聚焦大气污染防治的地方政府"一号文件"以及史上最严的《江苏省大气污染防治条例》；浙江省则不断推进雾霾治理、"五水共治"等环保民生项目。

2016年，国家环保部协调长三角各省市联合制定《G20峰会长三角及周边地区协作环境空气质量保障方案》，旨在通过加强区域联动，强化保障措施，保障G20杭州峰会期间良好的空气质量,向世界展示我国生态文明建设成果。同年,《长江三角洲城市群发展规划》进一步指出"紧紧抓住治理水污染、大气污染、土壤污染等关键领域,溯源倒逼、系统治理,带动区域生态环境质量全面改善",在共守生态安全格局、深化跨区域水污染联防联治、联手打好大气污染防治攻坚战、全面开展土壤污染防治、严格防范区域环境风险、全面推进绿色城市建设等方面明确了重点任务和举措,对推动生态环境合作有重要意义。

2020年8月,长三角生态绿色一体化发展示范区开发者联盟在上海正式成立,长三角生态绿色一体化发展示范区范围包括上海市青浦区、江苏省苏州市吴江区、浙江省嘉兴市嘉善县,面积约2300 km^2。

示范区力图打造生态友好型一体化发展样本,坚持把一体化发展融入创新、协调、绿色、开放、共享发展中,实现共建共治共享共赢,打破行政壁垒,聚焦一体化制度创新,建立有效的一体化发展新机制。

2021年10月,《长三角生态绿色一体化发展示范区先行启动区规划建设导则》(以下简称《导则》)发布。《导则》指出,示范区的建设必须体现一体化和高质量的要求,必须体现生态绿色引领。《导则》聚焦生态环境、城市设计、综合交通三大重点领域。

在生态环境方面,提出要从生态空间、生态景观、生态环境三个方面建构示范区生态环境保护管控指标体系,锚固以水为脉、林田共生、蓝绿交织的自然生态格局,引导河湖湿地、林地、农田生态系统修复和景观优化,打造覆盖城乡、活力多元、人在画中游的全域风景体系,促进区域水环境、大气环境、土壤环境协同保护与治理。

在城市设计方面,则要求从城镇和乡村两个方面构建示范区城市设计管控指标体系,完善示范区历史文化保护体系,加强各类物质与非物质历史文化遗产传承与活化,完整展现不同历史时期的城乡空间脉络和文化风貌,彰显示范区的自然生态、城镇空间与地方文化三大特色,营造满足未来生产生活需求的人居环境。

在综合交通方面,从公共交通、道路交通、特色交通和智慧交通四个方面建构了示范区综合交通管控(指标)体系,以交通枢纽为核心整合空间要素和配置资源,探索跨省域交通一体化衔接技术,创新以大数据为基础的智慧交通组织方式,践行绿色出行,助力实现"双碳"目标。

随着环保意识的觉醒,城市政府在区域环保事务中开始扮演领导者,城市政府之间的横向合作与纵向合作网络交织;合作形式和举措以府际契约为主,但已经从宣言、协定等约束力较弱的非正式化契约,上升到计划、实施方案、标准等,工具的规制性、可操作性增强。

二、生态保护合作的政策机制

(一) 生态补偿与环境赔偿机制

以《长江三角洲地区环境保护工作合作协议(2009—2010年)》为标志,长三角环境保护合作联席会议制度成功建立,每半年召开一次会议,定期研究区域环保合作的重大事项,审议、决定合作的重要计划和文件;下设的联席会议办公室,则负责执行联席会议作出的决定,制订年度工作计划,推进合作协议的具体落实。在城市层面,也形成了诸如环太湖五市人大推进治理太湖联席会议制度。与由上级政府主导的被动治理模式不同,此举既是地方政府应对危机下寻求联合互助的应急反应,也标志着通过建立区域环保合作机制以解决跨区域环境问题的共识从省级层面渗透至地方。长三角环保长效互动机制日益完善,区域环境保护正式化、制度化的合作框架逐步形成。

(二) 重点区域合作

制定和完善生态环境领域合作协议、地方性法律法规与行业标准等是长三角规范环境主体行为、强化城市政府间联防联治的重要途径。2009年8月,《长江三角洲地区企业环境行为信息公开工作实施办法(暂行)》和《长江三角洲地区企业环境行为信息评价标准(暂行)》相继颁布,地方性法规、行业标准等规制政策的约束力不断强化,标志着区域环境保护合作有了实质性进展。以"合作协议""合作框架""工作方案"等为主的府际契约,成为长三角生态环境保护合作的重要政策行动之一。

在流域环境治理方面,长三角各地连续联合出台《太湖流域水环境综合治理总体方案》《关于太湖水环境治理和蓝藻应对合作协议框架》《环太湖五市人大推进治理太湖合作意向书》《无锡宣言》《湖州宣言》等多项契约,为跨地区的流域环境综合保护与治理提供政策支撑。

三、生态保护合作建设成果

(一)新塘港河道综合整治

新塘港位于青浦新城,是连接淀山湖与西大盈港的骨干河道,河道总长6.32 km,是流域主要行洪、区域重要引排水通道。

本次整治河湖岸线6.1 km,西洋淀恢复703亩[①],入淀山湖口门处新建30 m³/s 泵闸,以及支河口水闸、桥梁、防汛通道、景观绿化等,工程总投资约15.9亿元。该工程于2020年3月开工,2021年12月竣工,属于太湖流域水环境综合治理项目之一。工程建成后,通过水资源合理调度,将淀山湖优质水源西引东排,进一步改善地区河网水质,营造一个河湖相间、水绿交融、人与自然相和谐的美好环境。

(二)吴江池塘生态化改造和退渔还田

池塘生态化改造和退渔还田工程计划对汾湖高新区、七都镇等的4万亩养殖池塘(其中改造池塘3万亩、退渔1万亩)进行生态化改造或退渔,实现养殖尾水循环利用或达标排放,不能改造的全部退渔。项目于2020年6月启动,2020年投入6 000万元,基本完成生态化改造0.8万亩,退渔0.6万亩。该项目积极探索生态优先、绿色发展、乡村振兴有机结合的新路子,促进乡村生态环境改善、自然生态功能提升。

(三)"中国·江村"特色田园乡村

特色田园乡村建设按照"产业兴旺、生态宜居、乡风文明、治理有效、生活富裕"的总要求,紧扣"生态优、村庄美、产业特、农民富、集体强、乡风好"特色田园乡村建设的总目标,以打造"中国·江村"品牌为引领,以长漾特色田园乡村带的建设为重点,着力打造乡村振兴示范区。

---

① 1亩≈666.66平方米。

目前，全区共开展了14个试点村庄建设，其中2个村庄入选省级试点，8个村庄入选市级试点，3个村庄通过市级验收。震泽镇众安桥村谢家路自然村被命名为"苏州市特色田园乡村精品示范村"，震泽镇众安桥村谢家路通过省级验收。全区14个特色田园乡村试点计划完成总投资额9.4亿元。

（四）环元荡生态景观岸线

环元荡生态景观岸线工程东南起于康力大道东延至江苏-上海省界交界处，东北止于元荡湖东北侧、张园东路南侧现状半岛，总长约12.7 km。工程计划分三期实施，一期实施陈家湾至十里江南段，长度约3.6 km。

主要建设内容涉及环元荡堤防驳岸、生态修复及景观绿道建设，计划总投资8.6亿元，一期涉及步道3.6 km，防洪大堤4.8 km，绿化景观21万 m，投资约2.5亿元。工程结合防洪大堤的实施，建设景观步道和骑行道，满足居民休闲出行，保护元荡周边生态环境及水利安全。

（五）嘉善县河湖水系综合提升工程

项目总投资28.73亿元，建设内容主要包括嘉善北部湖荡及水系连通、姚庄太浦河长白荡饮用水水源保护区生态保护提升和全县水系连通及农村水系综合整治等建设内容。计划整治湖荡17个，建设湖荡堤防（护岸）49.89 km，治理河道20条，治理长度48.43 km，疏浚淤泥659.79万 m^3，腾退姚庄北片水源地保护区范围内企业16家，退养水产养殖800亩，种植绿化26 300亩。项目于2018年12月开工，计划于2022年12月竣工，其中2020年计划投资3.96亿元。

该项目的实施，着力构建以水为脉、蓝绿交织、林田共生、水城融合的自然生态格局。

（六）先行启动区嘉善县污水处理扩容提质

项目总投资10.61亿元，建设内容主要包括嘉善县先行启动区3个污水处理厂（东部污水处理厂新建、西塘污水处理厂扩容、大成污水处理厂）提标改造等建设内容。计划新建日处理能力5万吨的东部污水处理厂，污水管道23 km，新建泵站1

座,改扩建泵站4座;扩容西塘污水处理厂日处理能力将达到3.5万吨的规模,并配套相关设施;提高大成污水处理厂清洁排放标准,新建初沉池,改造调节池等。项目于2018年12月开工,于2021年12月竣工,其中2020年计划投资3.8亿元。项目建成后,嘉善北部的污水日处理能力将达到10万吨以上,处理标准将全面达到一级A标准,为提升先行启动区水质等级提供保障,也为示范区生态联保共治、设施一体化共享提供基础条件。

第四节 长三角区域旅游合作

长三角地缘相近、血缘相亲、历史文化相通,尤其上海都市旅游资源丰富,江苏园林文化和历史人文积淀雄厚,浙江"山水旅游"条件优越,三地各有侧重,同时又互为补充,为区域旅游合作提供诸多便利。近年来,在长三角一体化进程推动下,区域旅游合作不断深化,合作领域从早期注重市场规范建设、旅游产品促销向区域旅游品牌、旅游规划等延伸,合作工具从单一的项目合作逐渐发展为管理型网络、契约型网络、信息交流、项目合作等多手段并重。

一、区域旅游合作发展历程

20世纪90年代以前,旅游企业和民间组织构成了长三角区域旅游合作的主体,并为此后大规模、全方位的旅游合作奠定了基础。但初期的区域旅游合作多是在利益驱动下自发形成的,合作模式较为松散,合作领域也相对狭窄,主要集中在彼此间旅游线路的编排合作和纵向配套,同时旅游业的属地化管理也约束了领域资源的流动性。

20世纪90年代以后,伴随旅游市场的不断扩大,市场对区域旅游合作的需求日益旺盛。1992年,借"江南六镇"申报世界文化遗产之际,沪苏浙三地旅游局共同举办了"江浙沪旅游年"活动,并提出"江浙沪游"的概念,拉开了长三角区域旅游合作的序幕。一方面,旅游产品联合促销和区域旅游市场整治日益得到地方政府的关注,"中国长江三角洲地区15城市游"、区域旅游合作的第一个项目——江浙沪自驾车"神舟之旅"等合作项目大力推动了长三角旅游资源整合,打造和提升了整体旅游形象。另一方面,本着"市场共管"的理念,各地政府开始在规范旅游市场建设方面寻求合作,旅游部门牵头开展以打击"黑导游"、旅游欺诈等行为为主体的"曙光行动","诚信的旅行社为您服务"大型旅游宣传咨询活动等为构建区域旅游客运网络创造了良好的合作氛围。同时,政府间的合作也开始尝试建立区域性旅游协调机制。

2003年,在地方政府主导下,长三角区域旅游合作由非正式迈入了定期的、正式的制度化合作道路,形成了以沪苏浙旅游市场工作联席会议、长江三角洲旅游城市高峰论坛、江浙沪旅游市场促进会三大协调平台为支撑的合作框架,也涌现出了"长三角中心城市旅游集散中心联合体""江苏省旅游集散中心(企业)协作联盟"等行业组织,区域旅游合作也从单一旅游产业合作转向行业综合性发展,合作主体趋于多元化。

长三角各地携手在旅游公共服务设施、服务质量、旅游产品设计及推广等领域展开深度合作,形成了苏浙皖沪区域旅游合作机制。2011年5月,《苏浙皖沪旅游一体化合作框架协议》的签署又进一步将长三角旅游大联盟扩展到苏浙皖沪三省一市。这份协议签署不仅使安徽省凭借其丰富的旅游资源成功跻身"长三角旅游合作"中,而且标志着长三角在省级政府层面建立起涵盖三省一市的区域旅游高层协调机制,也预示着区域旅游合作机制由自发性的市场推广合作步入自主性的制度对接时期。

2014年7月,长三角旅游合作第四次工作会议在上海召开,会议在总结回顾旅游合作情况的基础上,共同商定了苏浙皖沪率先实现旅游一体化战略,并由三省一市旅游部门联合签署了《长三角地区率先实现旅游一体化行动纲领》,从机制到内容、从行动路线到具体事项都进行了精心设计和详尽规定,直接推动长三角旅游一体化发展迈上全新台阶。2015年12月,长三角旅游合作联席会议第五次会议在苏州召开,参会者联合签署了《长三角旅游发展合作苏州共识》,明确了苏浙皖沪旅游部门将进一步完善合作机制,加强规划衔接,共同开拓市场,共享公共服务,强化联动监管,落实优惠政策,力争把长三角区域建设成为具有世界竞争力和影响力的旅游目的地,将长三角区域旅游合作提升到更高层次。

2021年10月,长三角文化和旅游联盟联席会议发布了2021年长三角文化和旅游联盟的重点工作计划。沪苏浙皖三省一市的文化和旅游部门将在深化长三角文化旅游合作机制、协同构建文化旅游市场与执法体系、推动区域文化旅游项目合作、共同推动公共文化旅游服务体系建立、深入推进区域文化遗产保护与传承、联合举办文化旅游宣传推广活动和联合推进长三角文艺交流与繁荣7个方面开展46项重点工作。当天同时成立了长三角文化馆联盟,也是为了深化长三角文化旅游合作机制,旨在进一步提升文化惠民的质量。

在共同推动公共文化旅游服务体系建设方面,长三角将实现以社保卡为载体,在旅游观光、文化体验方面的居民服务"同城待遇"。在深入推进区域文化遗产保护与传承方面,长三角将深化江南水乡古镇联合保护,加强长三角非遗守护联盟建设。在联合举办文旅宣传推广活动方面,长三角三省一市文旅部门将举办第三届大运河文化旅游博览会、第二届长三角古镇一体化发展大会、第三届长三角乡村文创大会等活动。

在政府的积极推动下,企业参与合作的意愿增大,由上一阶段的以政府为主导转为市场作用下官、商、民、学多元参与的合作形式;合作内容涉及层面涵盖了宏观的产业规划到具体的旅游线路,合作工具以契约及专业领域的项目合作为主,合作联盟不断扩张,成员数不断增加。

二、区域旅游合作的关键

(一) 完善旅游设施

在合作框架形成阶段,长三角各城市开始注重提升旅游市场的服务与管理水平。江浙沪三地消协于2003年9月签署三地旅游消费维权框架合作协议,实现了长三角主要旅游景区的消费维权互动,并建立了我国首个跨区域消费维权合作机制。2006年8月的首届江浙沪旅游标准化会议上,三地旅游管理和质量技术监督部门首次就共同编制《江浙沪旅游标准化文件汇编》、三年旅游标准化合作计划及建立三地旅游标准化协作会议制度和联合工作制度等问题进行了深入探讨。

于2018年发布的《长三角地区一体化发展三年行动计划(2018—2020年)》提出:要进一步做好旅游景区(点)道路交通标志标牌设置,旅游咨询服务中心等标准化的旅游配套设施建设,完善《长三角旅游景区(点)道路交通指引标志设置规范》。

同时,建立长三角旅游联合执法、综合监管机制,建立旅游诚信系统和失信登记制度,加强旅游执法部门和质监部门的执法信息共享,对列入失信的企业和个人名单,实行信息互通互联。打通长三角地区旅游投诉通报和处理渠道,建立游客投诉即收即处的快速处理和投诉信息交换机制。构建旅游应急突发事件的联动协调机制,建立跨区域旅游重大事件和旅游安全事件的应急预案,为长三角旅游一体化发展提供保障。

(二)加强产品设计

进入合作内容深化阶段,旅游产品设计及推广活动也在如火如荼地开展。长三角地区旅游自然资源丰富、旅游交通联动便捷、社会人文环境良好,适宜打造"高铁+体验"的旅游路线。中国已经从"高速公路+旅游"进入了"高铁+旅游"的时代,香港西九龙高铁发车当日带动出入境游客高达8万人次,高铁旅游将成为游客出行的重要选择。应当进一步研究开发长三角高铁旅游精品路线,并加强与高铁旅游相配套的旅游公共服务设施建设,不断提升高铁旅游的体验品质,通过高铁旅游进一步形成长三角的同城效应。

每年无论是上海,还是长三角其他省市,都会举办一系列高规格、高品质、国际影响力大的节庆、赛事、展会活动。要建立定期推介,联动营销,互为目的地的工作机制,使长三角地区的这些节庆、展会活动形成地域联动,带动形成整体的影响力。

(三)推行跨域旅游

在区域旅游合作启动阶段,各城市政府、企业、协会等主体就开始了区域旅游协作机制的早期探索。2002年江浙沪旅游部门会议上,三省市决定将在两个层次上建立区域旅游合作协调机制:一是区域旅游合作专题小组,由三省市旅游部门牵头,计委、交通、公安、交警等厅局领导及相关人员组成,负责三地经济发展协调联络的有关问题;二是在部门层面上分别设立旅游、计委、交通、公安、交警五个联络小组,由各部门自行对接联络,主要进行定期的信息互通与交流,收集情况并展开专题研究。

合作框架形成阶段,为加快旅游业复兴,2003年2月沪苏浙三地旅游部门在上海举行"沪苏浙旅游市场工作第一次联席会议",提议建立由各自旅游局分管市场工作的副局长牵头的"沪苏浙旅游市场工作联席会议"机制,率先在省级层面形成了联席会议制度。

同年7月,由长三角15个城市和黄山市共同签署的《长江三角洲地区旅游城市(杭州)合作宣言》发表,各省市就构建中国首个无障碍跨省市旅游区达成了共识,也标志着长三角旅游合作在城市层面已经建立起正式的机制。根据宣言,长三角旅游城市论坛将制定《长江三角洲旅游论坛章程》,设立论坛秘书处,负责论坛的日常工作;杭州市作为首届论坛发起者,负责起草论坛章程草案、组织机构设置方案和下阶段行动计划;此外,还首次提出了建立"长三角无障碍旅游圈"的概念。在此基础上,2004年11月由三地旅游市场开发管理部门参加的开发协商协调机制——江浙沪旅游市场促进会也正式成立。[①]

2018年,上海市旅游局根据《长三角地区一体化发展三年行动计划(2018—2020年)》的任务分解表,确立了一批项目化、可实施、能测度的工作任务,并表示:上海愿意牵头发挥好联合推广的平台纽带作用,落实国家中外旅游主题年成果,在境外联合开展中国长三角旅游主题推广活动。同时,加强联合旅游宣传的创新力度,比如建设一个长三角旅游网站,设计一组长三角旅游宣传手册,构建长三角地区统一的视觉标识体系等。联合加大入境旅游政策的研究和探索力度,设计过境免签、离境退税、跨境消费等更加便利的入境旅游政策,提高入境跨省市旅游的便捷度。

第五节　长三角区域分工与产业转移

一、长三角区域分工现状

区域经济发展必然伴随着区域内部分工协作关系的加强,并由此推动区域经济一体化进程的加快,使得各种社会资源能够在更大的地理空间上进行配置的同

[①] 陈雯,孙伟,袁丰.长江三角洲区域一体化空间合作、分工与差异[M].北京:商务印书馆,2018.

时,区域内部不同地区自身的比较优势也能够得以充分发挥。区域内部分工协作现状通常可以从城市间经济结构以及产业结构两个方面来观察。

(一) 长三角地区经济结构

在城市群的发展过程中,一个相对普遍的经验规律是第一大城市GDP/第K大城市GDP=K,以下我们从这个角度来对我国三大城市群区域静态结构进行度量:若实际第一大城市GDP/第K大城市GDP<K,则意味该城市群周边城市与中心城市梯度差异相对较小,经济结构相对均衡;反之,则表明城市群经济梯度差异相对较大。

数据显示,我国长三角城市群基本位于标准线下方,仅安徽省内三个小城(宣城、铜陵、池州)的倍数比值大于K,城市群内梯度差异较小;珠三角和京津冀城市群(各包括14个城市)之间的经济梯度差异明显高于长三角城市,其中珠三角从第5大城市开始高于标准线,京津冀仅北京、天津两市位于标准线下,其余城市均位于标准线之上。由此可见,若以GDP的角度度量区域间的经济结构均衡性,则是长三角>珠三角>京津冀,且长三角城市间的均衡程度显著高于后两大城市群(图2.1)。

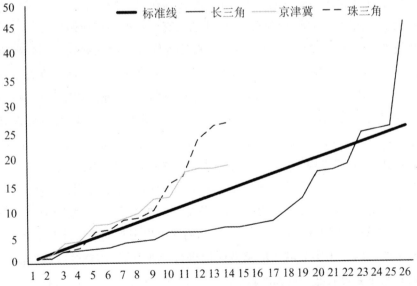

图2.1 城市群中第一大城市GDP/第K大城市GDP倍数分散图

资源来源:平安证券研究所

除了GDP的角度之外,我们同样使用"第一大城市/第K大城市"的方法对城市群的人口与资本的结构梯度进行了度量,其中人口指标选取各城市常住人口,资本指标选取各城市存量规模。数据显示,人口结构均衡性方面,三大城市群之间的优劣并不显著;但在资本结构均衡性方面,三大城市群之间存有明显优劣,整体上长三角资本梯度差异更小,结构均衡性相对更优,不过若仅比较前5大城市的资本结构梯度,长三角与珠三角的优劣差异不大。

(二) 长三角地区产业结构

产业结构方面,长三角地区的产业集群多分布在浙江、江苏、上海等省市。其中,浙江省产业集群发展以中小民营企业为主,产业主要集中在纺织、五金、服装等具有一定历史的传统产业,是自发成长型产业集群模式的典型。浙江的地理条件、经商传统和浙江人敢闯敢拼的精神成为孕育产业集群的重要条件,本地传统经济的发达和流动人员聚集为集群发展提供了坚实基础。

江苏省产业集群发展模式中比较有代表性的,一是以苏州、无锡、常州为代表的苏南模式,它是政府主导下的以集体企业、中型企业为主的自发成长型模式;二是通过建立苏州新加坡工业园、苏州新区、无锡高新技术开发区、常州高新技术开发区等国家级开发区和系列省级开发区,出现规划引导型产业集群模式。江苏省已经形成了龙头企业带动、产业集群、产业园区支撑发展的产业格局。

从行业分布来看,产业集群主要集中在传统优势产业和规划型部分高科技产业中,其中以纺织、服装、机械、轻工、冶金、装备等行业为主。目前江苏省已经形成了50多个纺织服装集群,集群呈现出专业化特色明显、产业链体系完整、中小企业集聚效应显著的特色。如常熟服装板块、江阴毛纺板块、吴江丝绸板块、张家港毛纺毛衫板块、海门家纺板块、常州武进织造板块,还有一大批"一乡一品"的特色乡镇,如休闲服装名镇海虞镇和沙家镇、毛衫名镇横扇镇和新港镇等。

但在经历了长足的发展后,长三角地区的产业结构相似性问题出现,区域内部各地区之间的经济协作关系开始弱化,竞争加强。事实上,在区域经济分工协作演进过程中,内部不同地区产业结构在一定的周期中出现趋同现象并非个案,而克服这一现象的出路在于中心城市能够及时地进行产业升级,使整个区域经济体能够在更大的地理空间上进行资源配置。

二、长三角的产业升级与梯度转移

长三角城市群以电子、汽车、现代金融等产业为核心,致力成为具有全球影响力的科创高地及全球重要的现代服务业和先进制造业中心。

上海的优势是创新能力强、服务业发展水平高、科技人才集聚。上海要建成卓越的全球城市,提升国际竞争力和影响力,必须从彰显功能优势、增创先发优势、打造品牌优势和厚植人才优势这四个方面着力构筑具有强有力的支撑作用、难以被人取代的战略优势。截至2020年,上海以汽车、电子、金融为支柱,三者占GDP的58%;A+H股上市公司数367家,占全国的1/10左右。未来上海仍将聚焦总部经济、金融、科创等功能,向外疏解非核心功能。

江苏制造业形成集群,浙江民营经济发达,安徽有充足的劳动力资源、新兴产业发展迅猛。具体来看,杭州民营经济占GDP的比重达到61%,以信息软件、电子商务、物联安防等为代表的数字经济发展全国领先;苏州凭借紧挨上海的区位优势,深化与上海的对接,并善于引进外资,已有90家世界500强企业在苏投资。制造业基础雄厚、门类齐全、企业众多是苏州经济的优势,当下苏州的进阶之路在于借助创新进行传统产业改造提升和推动产业价值链的上移;南京作为老牌工业基地,以电子、石化、汽车、钢铁为支柱,致力打造"芯片之都";家用电器和装备制造是合肥的优势产业,洗衣机和冰箱产量分别占全国的2成和3成。

其余城市支柱产业集中于电子信息、汽车、石油化工等。长三角城市群致力成为具有全球影响力的科创高地及全球重要的现代服务业和先进制造业中心,未来主导产业关键领域创新方向主要包括电子信息、装备制造、钢铁制造、石油化工、汽车、纺织服装、现代金融、现代物流、商贸以及文化创意10个方面。

除此之外,长三角城市群基于创新链的新兴产业发展方向主要有6个方面,分别为新一代信息技术、生物产业、高端装备制造、新材料、北斗产业以及光伏产业。

一方面,长期高速发展已为长三角地区积聚了巨大的综合实力和经济势能;另一方面,资源环境约束、土地承载能力下降和劳动力成本上升等一系列因素也使长三角地区的发展面临众多困局。因而,在对内实现产业升级的同时,充分发挥长三角的辐射功能,加快对外产业梯度转移步伐,对长三角地区今后若干年的经济发展都是至关重要的,甚至直接关系到今后若干年我国宏观经济走向。当前,农村剩余劳动人口逐步减少,劳动成本上升的总体趋势在全国范围内都是不可逆转的,加上人民币升值等一系列内在和外在因素,长三角地区目前的发展困局在短期内很难缓解。而将传统制造业向周边地区转移不仅有助于长三角地区释放发展空间,加快产业升级,提升区域竞争力,同时也能缓解要素供求,减轻资源环境压力,克服成本上升的不利影响。

特别是传统制造业向周边地区的转移意味着长三角现有分工协作空间的拓展,使长三角及其周边地区的资源能够在一个更大的地理范围内实现优化配置,不仅有利于长三角地区本身的科技、金融、服务等方面功能的充分释放,同时也有利于周边省份自然资源、劳动力等方面比较优势的进一步发挥,也无疑是这些地区加速发展的一个契机。[①]

近年来,在市场调节和政府调控的双轮驱动下,长三角地区内部分工协作开始不断深化,区域经济联动发展的态势也已呈现。与此同时,新一轮产业结构调整升级已经全面展开,传统产业向周边地区大规模转移步伐也逐步加快,并由此带动长三角区域经济分工协作的范围不断拓展。

第六节　长三角区域服务业平衡发展

随着长三角战略升级,未来区域内第三产业占比将逐步提升,区域中相互流动的消费、休闲的人群也将大大增加。纵观近30年来的GDP数据,上海第三产业GDP始终位于全国各大城市排名前两位,在长三角区域中第三产业的占比也遥遥领先其他三省。

而从近五年的投融资数据来看,上海第三产业的资本活跃度广泛地体现在文娱、新消费、广告传媒等细分赛道。

在文娱行业中,大众知名度极高的笑果文化、哔哩哔哩是其中的典型代表,萌宠主题乐园运营商物垣文化、动漫IP代理设计经销商艾漫动漫、第三方游戏下载平台TapTap等,也是上海年轻人娱乐生活领域的排头兵。此外,随着城市新中产生活方式的崛起,上海在宠物、鲜花、美妆、时尚潮品等新消费领域的创新项目,一

[①] 方劲松.长三角产业转移与安徽跨越式发展研究[M].合肥:安徽人民出版社,2011.

直走在全国最前沿,花加(FlowerPlus)、未卡(Vetreska)、优萃生物、南瓜车、宠幸宠物等是新消费领域融资轮次较多的项目。而在广告传媒赛道中,则有微盟、媒体星球、城市纵横、天图广告、畅思广告等获得较多轮次或较大金额的融资。

由表2.1可知,省与省之间产业结构及其变化情况存在较大差异。上海以服务经济为主的产业结构特征鲜明,工业增加值占地区生产总值的比重降至25.3%,较上年比重降低1.3个百分点。江苏的情况与上海相似,浙江的第二产业占比出现小幅上升,第三产业占比小幅下降。值得注意的是,安徽的第三产业比重首次超过第二产业,这意味着长三角地区三省一市均已形成"三二一"型产业结构,第三产业增加值在地区生产总值中的比重超过50%,这表明长三角地区间的服务业处于发展不均的状态。

表2.1 2018—2019年长三角三省一市地区生产总值结构及全国比较

地区	2018年(%)			2019年(%)		
	第一产业	第二产业	第三产业	第一产业	第二产业	第三产业
上海	0.3	29.8	69.9	0.27	26.99	72.74
江苏	4.5	44.5	51.0	4.31	44.43	51.25
浙江	3.5	41.8	54.7	3.36	42.61	54.03
安徽	8.8	46.1	45.1	7.86	41.33	50.82
长三角	4.2	41.8	54.0	3.95	38.84	57.21
全国	7.2	40.6	52.2	7.1	39.0	53.9

第三章 安徽推进长三角基础设施一体化的策略研究

第一节 新型城镇化建设与科技人力资源配置优化

一、安徽城镇化概况

城市是人类文明进步的重要表现,城镇化是社会演变与发展的驱动力和必然途径,是实现现代化建设的必由之路,伴随经济增长模式以内需为主转变而存在,是从农业国转变为工业国必须要经历的一个历史发展过程。中国作为一个农业大国,向着新型工业国发展,必须经历城镇化的过程。改革开放以来,随着安徽经济实力的不断提升,安徽城镇化率呈现稳步上升的趋势。

近年来,安徽省坚持以大带小的发展战略,建立城市之间的联系网络,加强城市之间的协同合作,发展城市群,然后再带动小城市和小城镇的发展。安徽省农村人口不断向城市聚集,城镇的经济实力不断增强,城市规模不断扩大,城镇化体系逐渐完善,城市承载力显著提升,城乡面貌焕然一新,城镇化发展快速推进,产业结构调整加快,居民生活设备不断完善,生活质量普遍提高,人们的生活更加幸福。但与发达省市相比,安徽省的城镇化整体水平还很低,机制也不够完善,发展水平、发展速度及发展质量等方面都存在较大差距,农业转移人口未得到合理安置,土地财政难以为继,城镇化区域差异大,城镇化进程滞后于工业化进程。这些问题严重制约着安徽未来城镇化的健康可持续发展,城镇化发展过程中还有漫长的路程要走。加快安徽城镇化进程,对优化产业结构和就业结构、调整发展方式、统筹城乡协调发展、缩小城乡居民收入差距、促进社会和谐发展具有十分重要的意义。

(一) 安徽城镇化发展现状

1. 城镇化进程加快

改革开放以后,随着工业化的迅速发展,安徽城镇化的进程也逐步走向稳步发展的轨道。安徽城镇化呈现几个显著的阶段性特征:城镇化恢复发展阶段、城镇化加速发展阶段、城镇化快速发展阶段。城镇化恢复发展阶段(1979—1995年):这一时期城镇化的发展慢慢起步,城市的经济地位上升,基础设施逐渐完善,城市综合竞争力提高,就业门槛降低,农村劳动力涌向城镇,促进了城镇化进程,安徽的城镇化率从1978年的12.4%提高到1995年的19.1%。城镇化加速发展阶段(1996—2000年):这一阶段城镇化的发展得益于安徽小城镇的建设,到2000年,安徽城镇化率提高到28%,城镇化水平与全国的差距已经从8.8个百分点缩小到8.2个百分点,城镇人口增加到1 706万人。城镇化快速发展阶段(2001年至今):安徽的城镇化率从2001年的29.3%上升到2016年的51.99%,年均增长1.42个百分点,与全国平均水平的差距越来越小。安徽经济总量直线上升,2016年末,经济总量达到24 117.89亿元,人均生产总值为39 091.81元,比上年增加3 095.2元。城镇就业人口明显增加,2000年就业652.9万人,2016年就业1 327.5万人,年均增长1.03%。2012年,中央经济工作会议提出推动新型工业化和新型城镇化双管齐下。2017年《政府工作报告》中提出稳步推进新型城镇化,深化户籍制度改革,大力支持中小城市和特色小城镇发展,发挥城市群辐射带动作用,推进城镇化进程,推动城镇化发展。

第七次全国人口普查结果显示,安徽常住人口中,居住在城镇的人口为3 559.5万人,占58.33%,居住在乡村的人口为2 543.2万人,占41.67%,与第六次全国人口普查相比,城镇人口增加1 001.8万人,乡村人口减少849.1万人,城镇人口比重上升15.34个百分点。16个省辖市(地级市)中合肥、芜湖、马鞍山三市城镇化进程超过70%,增长较快。

2. 地级市城镇化水平

随着经济的快速发展,安徽的城镇化水平普遍提高,从2000年的城镇化率

28%上升到2020年的55.81%,城镇常住人口达3 559.5万人。2020年,安徽省合肥市的城镇化率达76.33%,居全省第一,高于全省平均水平20.52%,这与合肥作为省会城市,以及经济、金融和文化中心息息相关。马鞍山市和芜湖市分别位居第二、第三,城镇化率分别为69.12%、66.41%,马鞍山市依傍丰富的钢铁资源,芜湖市地理位置优越、交通便利。淮北市和淮南市紧跟其后,城镇化率都在60%以上,均高于全省平均水平,煤矿资源丰富,经济发展相对较好。铜陵市、蚌埠市、池州市和宣城市城镇化率虽低于60%,但高于全省平均水平55.81%。铜陵市是皖中南交通枢纽之一,是国家综合配套改革和优化资本结构等试点城市,经济发展较好。蚌埠市是铁路交通枢纽中心,拥有便利的铁路交通条件。池州市生态环境良好,依靠旅游业大力发展旅游经济,财政收入显著提高。宣城市快速发展,成为区域性综合交通枢纽城市,农业资源也丰富。黄山市和安庆市历史文化悠久,旅游资源丰富,作为安徽具有发展潜力的城市,经济也紧跟其他城市,发展越来越好。亳州市的城镇化率省内最低,为42.22%,与全省平均水平相差13.59%,这与其人口众多、资源匮乏有关。六安市、阜阳市和宿州市的城镇化水平中等偏下,六安市位于大别山区域,自然资源匮乏,阜阳市和宿州市位于安徽北部,基础设施相对不健全,经济发展缓慢。

3. 城镇布局体系优化

安徽省大力实施政策方针,推行中心城市、以大带小战略,把壮大中心城市作为首要任务,以中心城市的主导辐射能力带动周边城市的发展,安徽发展合肥都市圈、皖江城市带、皖北城市群,形成"一圈一带一群"的城镇空间体系,城市规模经济进一步凸显,加快推进芜马经济圈和淮蚌合芜宣发展带的发展,形成"两圈两带一群"。全省全力推动省会合肥的发展,使其成为最具影响的中心城市,同时引导中心城市芜湖的发展,推动蚌埠、安庆、黄山等成为区域性中心城市,以中心城市的辐射能力带动小城市的稳步发展,加快县域和特色城镇的规划建设,倾力建成层次分明、层级合理、均匀分布的城镇体系。

4. 城市群建设稳步进行

国家特别关注区域的协调发展,推动实施"一带一路"、京津冀协同发展、长江经济带三大战略。现如今,中国已形成长江三角洲城市群、珠江三角洲城市群、京津冀城市群等12个国家级城市群,推进山东半岛城市群、中原城市群等区域性城市群的发展。安徽位于中国东部、长江下游,依傍国家建设的长江三角洲城市群和长江中游城市群,安徽的江淮城市群初步形成。江淮城市群是以合肥为中心的"1+

10"城市群,包括合肥、芜湖、蚌埠、淮南、马鞍山、铜陵、安庆、滁州、六安、池州等省辖市,辐射范围能达到皖北、皖南地区,是真正意义上的省级经济圈。省会城市合肥发展迅速,到2020年底,生产总值达10 045.72亿元,人口城镇化率为76.33%。

此外,安徽引导培育2030年建设形成豫皖城市群,推动皖北城市的发展,促使皖北的阜阳、亳州等城市与河南的商丘、周口等城市,形成战略合作关系,实现城市群的跨界融合。

5. 城乡统筹效果良好

安徽在推动城镇化进程中提倡走一条新型城镇化发展道路,新型城镇化道路的重心是人的城镇化,坚持以人为本的核心理念,促进城乡一体化,城乡统筹协调发展。它的实质是以科学发展观为指导的农村城镇化。城镇化的基本驱动力是推进农村现代化,促进城乡协调发展。安徽省在开启建设美丽乡村试点工作的基础上,投资建设了一大批重点示范村,致力于加强农村基础设施建设和推进公共服务建设体系,关注农村生活水平,改善农村生活条件,将具有历史文化遗产、独特生态景观的乡镇构建成有特色、有文化内涵的别致风景。高度关注"三农问题",城镇居民的农业户口落户已经成为重点问题,推进城乡一体化、基本服务均等化,对农村教育、农村医疗问题等方面加大投入力度。

2020年,省内流动人口为1 232万人,与2010年第六次人口普查相比,增加737万人,增长148.9%。

(二) 安徽省城镇化发展的机遇与挑战

1. 区位、资源优势

安徽地跨长江、淮河南北,东临江浙、沿江通海,芜湖、合肥等地是长江三角洲的辐射地带,与经济发达地区紧密相连。省会合肥位于皖中地区,能大力带动皖北、皖西等贫困地区,合肥是安徽的政治中心和经济中心,芜湖是经济发达的地区,两地带动长江以北和长江以南地区的发展。安徽省在中国水陆空交通网方面处于较有利的位置,便于国内和国际的商品运输,港口众多,航运发达,铁路专线形成,高速公路四通八达。芜湖是河运枢纽,蚌埠是铁路枢纽,合肥逐渐成为国际航空港,交通便利,综合交通枢纽逐步完善,区位优势逐渐显现。安徽省人口稠密,资源和产业丰富,马鞍山铁矿资源丰富,工业水平高,淮南、淮北拥有丰富的煤矿资源,供给我国东南部用煤,黄山和池州旅游业丰富。安徽各地自然资源丰富,人口密集,土地、劳动力等价格低廉,在推进城镇化进程中,这些发挥着极大的优势。

2. 产业基础优势

在经济发展迅速潮流后,安徽的工业化体系相对较完善,而且安徽有着良好的产业配套基础,"世界500强"的49个行业都能找到理想的对口企业和合作伙伴。安徽最大的工业行业是汽车及工程机械,汽车产品体系逐渐由单一的载重汽车发展到一系列产品如客车、轿车、轻微型载重汽车、商务车等。国内知名生产企业和企业集团如江淮汽车、奇瑞汽车、安凯汽车、合肥昌河、星马专用车等涌现出来,竞争优势显而易见。最近几年,安徽家用电器行业在全国占据着重要的地位,行业优势也逐渐凸显。电子信息产品制造业是安徽重要的新兴产业,在电子仪器、半导体分立器件、微型计算机等产品上出现一定规模和特色的重点企业;软件业发展迅速,国家"火炬计划"软件产品开发基地合肥软件园、芜湖软件园在安徽省建立,已开发了具有国内外领先水平的软件产品。安徽省矿产资源和煤炭资源在国民经济中占据着重要地位,作为国家级的原材料工业基地和能源供应基地,能源、建材、冶金、有色、化工五大基础产业一体化已形成。其中,中国南方最大的煤炭生产基地当属安徽省的淮南市和淮北市,重要的钢铁生产基地是马鞍山市,重要的铜冶炼和加工基地是铜陵市。

3. 城市发展不均衡

经过几十年的发展,安徽的城市经济有所提升,但从安徽城镇布局看,中心城市不多,对区域的带动力不强,总体竞争力较弱。2020年末统计,合肥作为安徽省会城市,即省中心城市,常住人口为936.99万人,GDP为10 045.72亿元,而湖北武汉的常住人口为1 244.8万人,GDP为15 616.1亿元。相对来说,合肥的经济影响力不够,有待提升。蚌埠、安庆等区域性中心城市,辐射力不强,很难带动周边小城市的发展。此外,还出现区域发展不平衡的情况,特别是城镇化水平区域差异大,合肥城镇化率最高,芜湖、马鞍山较高,亳州、宿州、阜阳等皖北地区城镇化率较低,低于或接近60%。安徽城镇化出现合肥经济圈占明显优势,皖江城市群实力较强,皖北城市群辐射力不强,发展缓慢,皖西地区城市规模较小的状态。

4. 人口城镇化速度较慢

安徽城镇化进程中出现一个现象,即"土地城镇化"快于"人口城镇化",这源于城镇化的快速发展,带来城市空间无序迅速扩张,建成区面积扩张速度远大于人口增长速度,2010年至今,安徽投资建设耗资巨大,小城镇建设和房地产开发投入很大,以最具代表性的合肥市为例,2020年合肥市市区面积达到1 312.48 km²,建成区面积为480.50 km², 市区总人口为586.11万人, 城区总人口为438.59万人, 这显示城镇化的快速发展更多带来城区面积的扩大, 空间资源的浪费。安徽省的城镇化建设偏向城镇化速度, 对城镇化的质量水平缺乏关注, 应注重产业支撑, 促进居民就业, 带动城市的发展, 提高城市化水平。

5. 城镇化落后于工业化

工业化和城镇化之间有着密切的联系, 从它们之间的良性互动视角看, 在推进工业化的进程中, 最重要的是兼顾壮大总量和提高质量两条路线, 促进工业化率的提升, 发挥工业化带动城镇化的作用。一方面, 工业化的发展既能创造经济供给和提供就业, 又能积累财富和解决农村剩余劳动力, 为城镇化的进程打下坚实的经济基础; 另一方面, 城镇化的发展为工业化提供空间承载, 能够为农村人口转移到城市提供良好的住宿条件, 既可以形成新的消费需求, 又能为工业化的发展提供持续的劳动力需求。虽然2020年以来, 安徽省城镇化增速提高, 但是总体的城镇化率滞后于工业化率。基于国际经验, 只有当城镇化率和工业化率在1.5~2.5范围浮动才算合理, 然而安徽省的城镇化率低于60%, 工业化率基本维持在60%以上, 说明安徽省的城镇化进程明显滞后于工业化进程。

二、城镇化发展政策及成效分析

城镇化又称城市化, 是指由于国家和地区社会生产力的发展、科学技术的进步以及产业结构的调整, 社会由以农业为主的传统乡村型社会向以工业和服务业为主的现代化城市型社会的逐步转型, 人口向城市地区集聚以及乡村地区转变为城市地区的过程。广义的城市化进程都会经历城市化、郊区城市化、逆城市化、再城市化的过程。自党的十八大提出实现工业化、信息化、城镇化和农业现代化以来, "四化"之间相互协调的步伐明显加快, 中国已进入高速城镇化阶段。然而由于发展阶段的转换, 传统的劳动力、土地无限供给条件下的粗放式经济增长方式无法满足工业化与城镇化和谐并进的发展要求, 经济新常态阶段也逐渐显现传统城镇化产生的各种问题。国家和各级地方政府相继制定并实施相关的政策措施, 深入推进新型城镇化建设, 取得了一定成效, 促进了经济可持续健康发展。

（一）积极推进农业转移人口市民化

中国的现代化不单是工业的现代化、城镇的现代化,更是人口的现代化,其过程的实质是以农业人口进入城市为主要方式消灭城乡二元差别,实现城乡一体化的历史进程。加快落实户籍制度改革政策,提高户籍人口城镇化率,深化户籍制度改革;对于全家转移并且已经在城市稳定工作的农业人口,应加快落户政策改革,简化落户程序;具有一定流动性在城市打工的农业转移人口,应开展相应的职业培训,增加职业技能,完善公共服务。大力推动并鼓励发展第三产业,拓宽农业转移人口就业渠道,为其提供更多的就业岗位,提高服务业的综合竞争力,并通过职业技能培训,保障农业转移人口工资增长,增加农业转移人口就业的稳定性。农村劳动力的转移对社会经济发展起到积极的作用,促进了农村土地适度规模经营,提高了第一产业劳动生产率;2020年安徽省共有就业人员3 243.0万人,分产业来看,第一产业就业人员有815.0万人,第二产业就业人员有1 020.0万人,第三产业就业人员有1 408.0万人,三产业就业人员数量比例为25.1∶31.5∶43.4。

（二）中小城镇与特色小城镇建设

党的十九大报告指出要以城市群为主体,构建大、中、小城市和小城镇协调发展的城镇格局。小城镇和特色小镇作为连接城市和乡村的纽带,是城乡之间重要的缓冲地带,我国的城镇化需要形成大、中、小城市和小城镇协调发展的关系,而形成这样一种关系,小城镇和特色小镇的发展毫无疑问扮演非常重要的作用。浙江省是全国首个建立特色小镇的省份,全国各个地方出台了地方版的《特色小镇评定规范》,而实现产城融合发展是真正走活新型城镇化这盘棋的重要一步。李克强在政府工作报告中指出,扎实推进新型城镇化,深化户籍制度改革,加快居住证制度全覆盖,支持中小城市和特色小镇发展,推动一批具备条件的县和特大镇有序设市,发挥城市群辐射带动作用。党中央、国务院高度重视特色小镇和小城镇建设,将特色小镇建设列入国家"十三五"规划纲要,国务院《关于深入推进新型城镇化建设的若干意见》《关于加快美丽特色小镇建设的指导意见》等。

自推进特色小镇以来,取得的成效显著,有较大的溢出效应,带动了有效投资的增长,特色小镇大多位于城乡接合部,能够带动周边农村基础设施和公共服务的发展,吸纳农村劳动力就业,让所有参与者都身处宜业宜居的优美生态环境之中。小镇经济已经成为燎原之势,小镇发展模式遵循"特色牵引、市场主导、产业支撑"的原则,经过几年的探索,各地已成功涌现出富有产业支撑、文化内涵、旅游功能的小镇经济。

(三) 推进新型城镇化试点

国家发改委于2015年2月通知印发国家新型城镇化综合试点方案,将安徽、江苏两省和宁波等62个城市(镇)列为国家新型城镇化综合试点地区,之后在2015年11月、2016年12月分别公布了第二批、第三批新型城镇化试点地区名单。2020年6月,当涂县、庐江县、蒙城县、灵璧县、天长市5县(市)列入国家县城新型城镇化建设示范名单。

首先深化试点内容,建立农业转移人口市民化成本分担机制,建立多元化可持续城镇化投资融资机制,改革完善农村宅基地制度;其次鼓励试点地区有序建立进城落户农民农村土地承包权、集体利益分配权依法自愿有偿退出机制,有可能突破现行法规和政策的改革探索。

(四) 地方政府的城镇化发展策略

城镇化是实现我国现代化建设的重要一步,是城市发展过程中必然经历的阶段,我国在城镇化发展过程中实施了各种政策、战略措施,大力推进城镇化进程。早在2001年我国就将城镇化战略写入了国家五年规划中,在中共十八大报告中提出"坚持走中国特色新型工业化、信息化、城镇化、农业现代化同步发展"的举措等,政府越来越重视城镇化问题。而安徽作为中部农业大省,东邻长江三角区,南接闽三角与珠三角,西承武汉经济圈,北连中原城市群、东部沿海发达地区和广大内陆地区的集合点,加快城镇化发展在安徽及全国都有着举足轻重的地位。

安徽针对城镇化发展出台了一系列政策规划,2000年安徽根据城镇化现况,在《安徽城镇体系规划》中提出城镇发展战略,以合肥为中心的皖中城镇区为重点发展对象,发展以黄山为中心的皖南旅游城镇,以芜湖为中心的皖江城镇带,以阜阳为中心的皖西北城镇区和以蚌埠为中心的京沪铁路沿线城市带,强化皖中和皖江城镇带合肥和芜湖两地区在城镇发展中的核心地位。预期到2010年城镇化水平能达到40%左右,城镇人口可达2 800万左右,城镇建设用地增量控制在224 km²以内,从统计数据来看,2010年城镇化水平达到43.2%,城镇人口为1 550万,这与规划预期的结果相差不大。还提出科学规划小城镇,推动农村居住和乡镇的集聚,重点发展中心城镇的建设,加强基础设施建设,注重对生态资源尤其水资源的保护,也加强对风景名胜区的管理。

"十一五"规划以来,在省政府的领导下,安徽省大力实施中心城市带动战略,壮大城市圈,推进城乡统筹战略,加快中心城市的发展,积极构建大、中、小城市和小城镇协调发展的结构布局,加大对城市的规划建设管理,开展实施城乡一体化综合改革试点,由此城镇化水平持续地快速提升,为大力推进具有安徽特色的新型城镇化打下了坚实的基础。发展速度也明显加快,2005—2010年,城镇常住人口由2 173万人增加到2 573万人,城镇化率由2005年的35.5%提高到2010年的43.2%,年均提高1.54个百分点,是中华人民共和国成立以来安徽省城镇化发展最快的时期。

"十二五"城镇化发展规划的重要战略是坚持工业化、城镇化双轮驱动。为加快推进新型城镇化进程,不断提高安徽省城镇化水平,促进工业化、城镇化与农业现代化协调发展,安徽省政府制定了《安徽省"十二五"城镇化发展规划》,明确提出了城镇化总体目标是形成"一带一圈一群"的城镇化战略格局,皖江城市带和合肥经济圈成为全国有较大影响的城市群品牌,皖北城市群较快发展,六大区域中心城市发展壮大,到2015年,城镇化率达到50%以上,城镇人口达到3 200万人。其中"人"的城镇化理念得到进一步确立,按照以人为本的核心推进制度创新,综合提升城镇规划建设管理水平。充分发挥设区市在集聚经济和人口、带动县乡发展方面的核心作用,统筹资源配置,在产业政策、生产力布局、重大项目和资金等方面,支持各市加快产业结构优化升级,培育壮大战略性新兴产业,培育优势特色产业,壮大县域经济,增强产业集聚能力和对农村经济的带动能力,促进人口和产业向县城集中。积极培育特色小镇。坚持专业化分工和社会化协作相结合,鼓励小城镇根据自身特点,因地制宜发展工业、旅游休闲、农副产品加工、物流商贸等特色产业,形成产业集聚优势,发展成为各具特色的新型城镇。继续推进试点工作,加快小城镇综合改革。充分利用国家重点镇、国家发展改革试点镇、省重点中心镇、扩权强镇试点镇、产业集群专业镇的政策叠加效应,支持一批基础条件好、发展潜力大的中心镇做大做强。

根据《安徽省城镇体系规划》于2011年开始在全省实施集聚发展、统筹发展、分区发展的城镇化发展战略。提高空间利用效率,引导经济、人口的相对集中布局,交通、资源、能源和生态环境的集约化发展。坚持全省城镇空间的集聚,保证城乡建设用地的集聚,促进全省城镇人口的集聚,推进交通、基础设施的集约建设,引导资源、能源的集约发展,实现生态环境的集约发展。安徽省新一轮的"工业化、城镇化"双轮驱动下的城镇发展要实现人口、经济、资源与环境的协调发展,促进全省城乡和区域的协调发展,实现全省分区差别化的城镇化路径,提出空间发展策略,保育生态,因地制宜开发空间资源,东向发展,培育大都市连绵区,双核带动,提升皖江城市带分区指引,推动区域协调发展,动态演变,推动全省空间结构优化。①时至2020年底,安徽省均城镇化率高达55.81%。

安徽省一直积极推动各种战略举措,为建设新型城镇化奠定坚实的基础,省政府制定了《安徽省新型城镇化发展规划(2016—2025年)》,提出要扎实推进农业转移人口市民化,推进符合条件的农业转移人口落户城镇。合理放宽城区落户条件,全面放开其他城镇落户限制,引导人口向重点开发区域和城镇有序迁移。增强农业转移人口进城落户的能力和保障,着力在教育保障、职业培训、医疗卫生、住房保障、社会保障五个方面加大对农业转移人口的公共服务力度。优化城镇化布局和形态,构建"一圈一群两带"的城镇化空间格局,建立大、中、小城市协调发展的城镇体系,提升城镇宜居宜业支撑能力,大力推进新型城市建设,推进城乡发展一体化,完善城镇化发展体制机制,把以人为本、尊重自然、传承历史、绿色低碳理念融入城市规划全过程,推进土地市场化配置改革。

三、泛长三角科技人力资源分析

从科技人力资源总体规模看,《中国人口和就业统计年鉴2020》显示,时至2019年末,我国就业人数为77 471万人,大专及以上受教育程度的比例为21.9%。推算出科技人力资源总量为16 966.1万人,其中上海就业人口中大专及以上受教育程度的比例为47.5%,江苏为27.7%,浙江为28.4%,安徽为19.1%,可见沪苏浙是我国科技人力资源的富集区域。与沪苏浙相比,安徽的科技人力资源显得匮乏。

---

① 周加来,李强.安徽城市发展研究报告[M].合肥:合肥工业大学出版社,2018.

表 3.1　各地区研究与试验发展 R&D 人员全时当量（2019 年，单位：人年）

地区	R&D 人员全时当量	研究人员	基础研究	应用研究	试验发展
全国	4 800 768	2 109 460	391 972	615 395	3 793 700
上海	198 646	110 610	29 252	34 104	135 333
江苏	635 279	245 470	24 530	41 329	569 431
浙江	534 724	153 123	13 595	28 618	492 517
安徽	175 318	76 363	16 135	20 164	139 017
福建	171 452	68 051	7 666	18 242	145 545
江西	105 593	39 152	5 334	7 250	93 009
山东	278 787	122 797	21 374	32 796	224 622

由表 3.1 可知，从从事研究与试验发展的尖端人才角度看，差别尤其大，上海市于 2019 年全市 R&D 人员当时量为 198 646 人年，相比之下，安徽全省 R&D 人员当时量仅为 175 318 人年，其中从事研究人员之差为 34 247 人年。由此可知，相较上海，安徽本地科技人力资源构成仍有较大差距，研究部门科技人力资源不足。

人口科技人力资源密度反映了某一地区科技人力资源占该区人口的比重，相对地区内的科技人力资源总数指标而言，此指标可以消除因为人口规模不等所导致的偏差，能较准确地反映一地区的平均科技人力资源水平。从全国范围看，我国每万人口中有 400 人为科技人力资源，上海人口科技人力资源密度为 1 385.85 人/万人，仅次于北京，全国排名第二位。从泛长三角区域看，安徽人口科技人力资源密度为 237.81 人/万人，不仅低于沪苏浙地区，而且低于全国平均水平，差距较大，这说明安徽就业人员中的科技人力资源占有率较低，整体科技人力资源水平偏低。

至于科技人才流动方面，目前，我国的统计数据仅涉及科技人力资源存量，还没有对科技人力资源流量数据的统计。

《安徽统计年鉴 2021》数据显示，2020 年安徽外出半年以上人口占总人口的比重为 21.7%，从外出流向的构成看，10.13% 流向县其他乡镇，4.82% 流向本市其他县区，7.34% 流向本省其他市，77.71% 流向外省，而省外的流入区域以沪苏浙为主，占流向省外的流动人口的 76.66%，其中流入上海的为 21.54%，流入江苏的为 27.72%，流入浙江的为 27.4%。由此可见，安徽是流动人口的输出地，沪苏浙为流动人口的接收地，安徽省流动人口以省外流动为主，主要流向沿海经济较发达的区域。

安徽的发展需要解决科技人力资源流失与科技人力资源需求之间的矛盾,抓住泛长三角一体化发展的趋势,寻求在一体化区域内合理地配置科技人力资源。

四、安徽优化科技人力资源配置的手段

(一) 调整科技人力资源配置方式

在人力资源的分配上,报纸、网络、人才市场、亲友是最重要的。相对于互联网,报纸是传统的传播方式,其传播的范围、速度、成本都远不如互联网,而网络作为一种新型的传播和获取方式,已经突破了时间和空间的局限,成为企业发布人才需求的重要渠道,尤其是在年轻人中,网络的作用不可忽略。人才市场具有服务性、快捷性、互动性等特点,在人力资源的分配中占有举足轻重的地位。而安徽的科技人力资源配置模式,以亲友为主,市场配置水平不高,人才流动渠道不畅。从一定意义上来说,亲友的分配机制是一种比较传统的人才分配模式,它会削弱市场的作用,阻碍人才的充分利用和有效流动,从而阻碍人才的有效配置。安徽要解决本省科技人才配置方式中的问题,逐渐淡化亲友的配置功能,加强人才市场的建设,尤其要充分利用网络的配置功能,促进公平合理的配置。

(二) 优化现有科技人力资源

安徽现有科技人力资源配置不合理,其主要分布在国有企事业单位,同时,国有企事业单位的科技人力资源流动频率低、流动意愿不强,而在不同属性的单位中,私营企业的科技人力资源流动频率最高。这一现象一方面是由于我国私营企业是改革开放的产物,从一开始采取的就是灵活的用人机制,管理者和员工的观念也是在市场经济条件下形成的,人员流动较为平常。另一方面,政府部门和事业单位以稳定著称,工作具有相对稳定性,福利待遇完善,这与我国员工追求稳定的传统思想相吻合,近几年的"公务员热"也说明了这一点。

针对安徽现有科技人力资源配置及流动状况,应从其形成原因入手,寻求调整现有科技人力资源配置的方法。首先,各级部门应鼓励、引导私营企业发展壮大,

为私营企业的发展提供良好的环境,只有私营企业发展壮大了,才具备吸引和留住人才的基础。其次,私营企业自身应树立人才价值观,尊重人才,为人才提供发展成长的空间。再次,应不断完善社会保障机制,改革传统的人事制度,消除人才流动的障碍,促进人才在各组织间合理流动,将国有企事业单位的富足科技人力资源向私营企业转移,促使科技人力资源在各组织间合理配置。

(三) 规划科技人力资源结构

安徽科技人力资源的专业技术结构不合理,大部分为教学人员,农业技术人员不足尤为严重。经济发展对人才的需求既有量的指标,又有质的规定,同时对人才结构调整与经济发展速度也有其内在的要求,不同的经济发展阶段需要与之相适应的人才结构。现有人才结构在短期内难以调整,人才自行调整具有滞后性,这就需要各级部门做好发展规划。各组织内部可根据今后组织的发展规划和对人才的未来需求,预先培养与组织发展相适应的人才;各级政府部门要发挥好自身的经济服务功能,调整专业结构设置,重点发展经济发展急需人才,公布专业技术人才需求信息,引导人才特别是处于受教育阶段的学生向今后经济发展所需人才类型方向发展。

(四) 变增量科技人力资源为存量科技人力资源

通过调查分析得出,泛长三角区域科技人力资源流动频率低,近半数的人员没有变动过工作,在变换工作中,人们倾向于同城内的工作变动,家庭因素、喜欢稳定的生活和工作、目前工作的满意度较高以及个人的长远职业发展规划是科技人力资源区域流动意愿不强的主要原因。由此可以推出,在泛长三角区域,首次工作地点对科技人力资源有着重要的影响,首次工作地点往往是他们今后一直工作和生活的地方。针对这一实际情况,安徽应重视对增量科技人力资源的配置,吸引毕业生在安徽就业,发挥首次工作地点对科技人力资源的影响作用,变增量科技人力资源为存量科技人力资源。

吸引毕业生在安徽工作,可以从以下方面着手:

① 发挥出生地的作用,变就业意愿为实际就业。在就业倾向中,毕业生倾向于选择自己的生源地为以后工作和发展的地区,在流动影响因素中,出生地、家庭

是区域流动的主要影响因素,而由于种种因素的影响,意愿与实际状况往往不同。安徽省流入省外的人才中,有部分人才是有意愿或倾向于在省内工作的,各级部门与组织应充分了解其中的原因,增强出生地的影响力,削弱其他因素的作用,化就业意愿或流动倾向为实际的就业。

② 不同学历层次的毕业生采取不同的吸引措施。影响毕业生选择工作地点的主要因素是薪酬待遇、家庭因素、就业机会和人文环境,但不同学历层次的毕业生,各因素的影响程度存在差异,应针对各学历层次毕业生所关注的因素,采取相应的措施,努力吸引毕业生在安徽就业。比如,在吸引博士研究生时,应该充分考虑家庭因素对他们的影响,因为博士研究生很多已经结婚,拥有家庭,在选择工作地点时,首要影响因素是家庭因素,其次才是薪酬待遇因素。再比如,要想吸引并留住硕士研究生,应尽量满足他们的薪资要求。在不同学历层次的毕业生中,硕士研究生最看重薪酬待遇,从经济学角度看,2~3年的硕士研究生学习,放弃工作带来的收益与工作经验的积累,承受了大量的机会成本,可以看作是一种投资,硕士研究生期望可以得到平衡补偿,获得更高收益。

(五) 加强人才环境建设

影响科技人力资源流动的因素除了组织因素和个体因素外,还包括与城市有关的经济、文化、生活环境等宏观因素,在科技人力资源优化配置中,安徽还应加强影响人才流动的宏观环境建设,为科技人力资源配置提供优良的环境。

① 大力发展省内经济。一个地区的薪资水平和就业机会与其经济发展状况是对应的,较高的经济发展水平对应着较高的薪资水平和较多的就业机会,而薪资水平和就业机会是影响人员流动的重要因素。此外,在城市满意度评价中,科教环境和经济发展状况是主要的影响因子,经济发展是科教环境的支撑,优质的科教环境需要较发达的经济发展水平。安徽经济发展水平落后苏沪浙沿海区域,苏沪浙沿海区域是安徽人才流入的主要区域,这些区域有着较安徽更优越的薪酬待遇、更多的就业机会和更好的发展前景。处于弱势地位的安徽,要大力发展省内经济,保持经济发展的良好势头,以经济发展建设为人才提供发挥专长的平台,以经济发展前景留住人才、吸引人才。

② 增强政府的经济服务职能。企业是经济发展的主体,政府是经济性公共服务的提供者,政府的经济服务职能主要体现在经济调节、中长期发展规划、市场监

管、经济信息和基础设施建设等方面。政府执政能力及经济服务职能是提高人才城市满意度的重要方面,城市满意度的提高不仅有助于防止人才流失,还可以吸引人才流入。此外,政府的服务职能是经济社会发展建设的软环境,对经济社会健康有序发展起着重要支撑作用。

(六)探索新型的配置方式

由区域流动意愿和流动的影响因素可知,安徽人才引进难度较大,难以实现,因此,探索人才配置的新型方式是必然选择。随着信息技术与网络经济的发展,人才管理与使用制度的转变等,新型人才使用模式不断涌现,如人才柔性流动机制、人才智力共享、区域人才开发一体化和人才共享等新型人才使用模式。[1]安徽应研究新型人才使用与配置方式的适应条件,探寻最适宜安徽人才配置的新型方式。

《长三角一体化发展规划"十四五"实施方案》指出:长三角涉及三省一市,发展不平衡的问题还客观存在。接下来,长三角将全面补齐欠发达地区发展短板。为此,安徽的城镇化发展、人力资源配置优化准备尤为重要。

第二节 周边城市群发展与交通互联

一、安徽省城市群建设

城市群是指以中心城市为核心,向周围城市辐射的大都市联合体,城市之间内在联系紧密,产业分工与合作密切,基于发达的交通、通信等城市基础设施所形成的,在空间组织上高度紧凑,并最终实现高度一体化的城市群体。《安徽省主体功能区规划》提出:到2020年全省可以基本确立以"三大战略格局"为支撑的国土空间开发新格局,其中三大战略格局指的是"一圈一带一群","一圈"为合肥都市圈,"一

---

[1] 夏小玲.泛长三角区域安徽科技人力资源优化配置研究[D].合肥:安徽大学,2011.

带"指皖江城市带,"一群"指皖北城市群。到2020年,全省城市空间每平方公里生产总值提高一倍,人均生产总值要超过全国平均水平,城镇化率提高到70%左右,到2030年,安徽城镇化率将达到70%~73%。积极打造江淮城市群,加快发展芜湖、马鞍山、阜阳、黄山等区域中心城市,促进城市之间的融合互动,并且向周围城市发挥正向的辐射作用。本节将研究分析这三大城市群(圈)的自身实力、发展现状以及发展前景,并进行城市群(圈)之间各经济指标的对比。

(一) 皖江城市带

皖江城市带是中国批准设立的第一个国家级承接产业转移示范区,其为安徽省创造了发展机遇。皖江城市带人口密集,并且消费需求巨大,是最靠近东部的中部地区,以合肥为中心,包括芜湖、马鞍山、铜陵、安庆、池州、滁州、宣城8个市,以及六安市的金安区和舒城县,共59个县(市、区)。

皖江城市带作为长三角城镇体系的延伸和补充,与长三角地区地缘相连、人缘相亲,经济联系紧密。皖江城市带为长三角提供了优质的农产品、高素质的劳动力,在长三角地区的发展中处于重要的地位。根据整体规划,将着力构建"一轴两核双翼"的产业空间格局,"一轴"包括安庆、池州、铜陵、巢湖、芜湖、马鞍山6个沿江市,"双核"指合肥、芜湖,"两翼"包括滁州和宣城。安徽省作为中部人口大省,在劳动力上有绝对优势,安徽传统的本土产业发展大多以环境创造财富,在社会竞争日趋激烈的社会大背景下,一直以人口输出大省自豪的安徽不再以其为优势,安徽省经济要崛起,就要发展自身实力。虽然长三角的发展对安徽来说能起到更巨大的带动效应,但也不能忽视本土产业对安徽经济的带动作用,区域经济发展建设是一个不断探索、完善、创新的历程,而皖江城市带的建设规划也不是一蹴而就的,更重要的是基于城市群内部的优势资源,不断地吸收融合外来产业和资本,从而加快皖江城市带承接产业转移的步伐。

皖江城市带与长三角地理区位的毗邻和经济联系,使得它们担负了承接产业转移的国家示范区的历史使命,并且有承接长三角产业转移的各自优势,但由于各自发展条件、经济实力和规模的差别,城市群内各城市在承接产业转移时的竞争力有所区别。目前安徽省经济发展主要依靠第二、第三产业,政府倾向于关注工业,第三产业发展水平尚未成熟、发达。近些年,随着经济的飞速发展,社会保障制度不断完善、社会福利覆盖面广泛。皖江城市带在资金、政策、重大项目等方面得到国家较多的支持,利用这一优势政策,不断积聚国内外发展要素,加速规模扩张,大力推动城市化、工业化进程,使得产业辐射能力进一步增强,以此提升区域发展水平和综合经济实力,以期实现跨越式发展。

(二) 合肥经济圈

随着城镇化的不断向前推进,城市的发展不再孤立,合肥是安徽省政治、经济、文化交流的核心,同时是区域发展的增长极,因此,合肥优先发展并带动周边城市共同发展非常关键。要加强与长三角地带其他城市群的竞争合作,进一步促进中部崛起战略的实施。合肥经济圈位于长三角西端,包括合肥市、淮南市、六安市、桐城市(安庆)和滁州市,总面积为36 519 km^2,总人口为1 836万人。

近年来,合肥经济圈呈现快速协调发展的趋势,整体发展势头良好。《合肥经济圈城镇体系规划》提出构筑"一核三心,五带多极"的经济空间布局,"一核"指的是合肥都市核心区,"三心"指淮南、六安、滁州三个中心城区,合淮、合滁宁、合六叶、合桐安、合巢芜发展带为"五带","多极"指多个县级中等城市和若干产业新城。合肥经济圈经济延展性良好,是省内区域板块的重要部分,经济圈的发展将带动全省经济的飞速发展。合肥经济圈的发展应深入贯彻中央和省委省政府的一系列决策部署,继续实施"工业立市"战略,大力发展战略性新型产业,充分发挥合肥在经济圈建设中的核心带动作用,努力把合肥建设成区域性特大城市,继续扩大经济圈的整体规模,增强中心城市辐射引领功能,提高区域联动水平。

(三) 皖北城市群

皖北是安徽北部的简称,位于以上海为龙头的长三角城市群,东靠江苏,南接皖南,西连河南,北望山东。地势以平原为主,拥有广袤的淮北平原,处在南下北上、东进西出的战略要地。主要的通道是欧亚大陆桥,是安徽省唯一的"一带一路"经过地区,皖北已经成为中国经济发展较快的地区之一,是华东地区重要的经济增长极。皖北城市群是指安徽北部地区的6市及所辖17个县(市),占全省的28.1%。规划到2030年,皖北地区常住总人口为2 860万人,城镇化水平为68%,城镇人口为1 940万人。规划期间,皖北地区构建"两群、两区、三带"的城镇空间结构。其中,"两群"为蚌淮(南)城市组群、宿淮(北)城市组群,实现蚌埠-淮南,宿州-淮北联动发展,提升中心城市区域竞争力,带动皖东北和沿淮地区整体发展。"两区"为阜阳都市区、亳州都市区,以加快中心城市建设,带动县城发展为目标,构筑以大带小、协调发展的皖西北城镇空间格局。"三带"为合蚌淮(北)城镇带、沿淮城镇带、淮(南)阜亳城镇带,是皖北城镇化拓展的重要空间。规划称,将促进蚌埠与淮南、宿州与淮北联动发展,强化阜阳都市区、亳州都市区建设,规划形成蚌埠-淮南、宿州-淮北、阜阳、亳州四个区域中心。

安徽省预计形成"一圈一带一群"的城镇空间结构,其中的"一群"就是皖北城市群,并与河南继续加强交界地区城市间的经济合作。2014年皖北地区被纳入国家级经济区——中原经济区。皖北地区的经济发展是安徽省经济发展的重要板块之一,有很多重要的交通枢纽。2008年基于皖北地区的人口资源、基础设施等现实情况,安徽省首次将皖北振兴纳入事关全省发展大局的层面。于2012年底,皖北五市一县一区正式入围中原经济区,在政策的带动及各方面的大力支持下,叠加优势开始显现。2016年,皖北地区淮河生态经济带进入"十三五"规划。安徽省将继续支持亳州市建设中原城市群核心发展区,优先解决城市供水等关键性问题,大力发展现代中药、文化旅游、农产品和食品加工等产业。将蚌埠打造成战略性新兴产业中心、现代物流中心;将阜阳建设成为农副产品加工基地、区域性综合交通枢纽,增强区域发展的辐射带动能力;将宿州打造成为交通枢纽、农产品生产加工基地、鞋服生产基地、电子商务示范基地等。

3个城市群中,皖江城市带的经济总量最高,经济发展实力最强,这是因为皖江城市带包含的城市较多,且有合肥、芜湖、马鞍山经济实力较强的城市,拉高了皖江城市带整体的生产总值。合肥经济圈次之,其包含城市没有皖江城市带的多,但是发展潜力较大。皖北城市群的经济总量最低,与其他城市群的发展存在着较大的差距,包含的城市大都为安徽省内经济欠发达的城市,且以农业为主,但是皖北有其自身优势:一是人口资源优势,皖北地区人口达3 000多万,占全省比重50%左右;二是农业资源丰富,全省粮食60%来自皖北城市;三是矿产资源丰富。《长三角一体化发展规划"十四五"实施方案》报告提出:要推进皖江城市带承接产业转移示范区、皖北承接产业转移集聚区建设,皖江城市带即将迎来又一次腾飞。

总而言之,发展较快的城市群应继续保持优势,发挥联动作用,带动周边城市共同发展;发展潜力较大的城市群,应不断地挖掘自身的发展前景,需要政府大力扶持,积极建设创新产业,缩小与其他城市群的差距;对于经济总量较低的城市群,应充分利用自身优势,吸收借鉴其他城市群的发展经验。

二、都市群交通互联

合肥都市圈作为长三角城市群五大都市圈之一,又是安徽省"一圈五区"发展布局的重要组成部分,合肥都市圈城市党政领导第十次会商会议提出:打造合肥都市圈"1小时通勤圈",强化全国综合性交通枢纽地位,构建"水陆空铁"衔接联动的立体交通网络,形成互联互通的交通大格局,推动合肥都市圈向更高水平、更深层次、更广领域开拓发展。

在合肥城的西南面,S366合六南通道建设项目正在进行建设。该项目全长33.64 km,途经合肥市肥西县、六安市金安区、裕安区、金寨县、叶集改革发展试验区等。该项目建成之后,将成为合肥与六安之间的一条重要通道,对于带动地方社会经济发展、加快六安市融入合肥都市圈具有重要意义。

此项目只不过是安徽参与长三角区域交通一体化的微小缩影,安徽作为华东、华中及中原地区的枢纽,交通对其的重要性不言而喻。《长江三角洲交通一体化规划》规划了多条安徽境内的高速铁路。安徽也将在不久的将来迎来新一轮的交通建设高峰期。

在高速铁路方面,一共规划了连云港—淮北、徐州—上海、亳州—安庆、上海—安庆、宣城—绩溪、黄山—池州、商合杭、沿江高铁(武合宁段)、合肥—新沂、镇江—宣城、宣城—黄山、南京—滁州—蚌埠、蚌埠—宿州—淮北、阜阳—蒙城—宿州、沿淮高铁、黄山—金华、安康—合肥17条铁路干线;南京—宣城、合肥—池州、扬州—镇江—马鞍山、巢湖—马鞍山、南京—马鞍山、南京—滁州、合肥—六安7条城际铁路;合肥新桥机场S1线、黄山旅游T1线等市域铁路。

这些高铁线路的规划,不仅大大加强了合肥交通枢纽的地位,也在安徽境内催生了如阜阳、铜陵、宣城、蚌埠等区域交通枢纽。随着规划变成事实,安徽与江浙沪地区的联系将会更加紧密,这也为安徽能顺利承接长三角的产业转移提供了交通支持。

航空方面,安徽也受益颇多。一共规划了芜湖宣城、亳州、滁州、蚌埠、宿州等5座民用机场,同时也在验证金寨机场的可能性。安徽有16个地级市,不远的将来,安徽境内将会拥有10座机场,这对地方经济的促进作用无疑是巨大的。

第四章 安徽参与长三角区域金融合作的策略研究

2003年左右,金融监管部门开始着手研讨长三角金融合作的有关议题;随后几年,政府部门也逐渐参与到金融一体化进程中,开始联合制定有关长三角金融合作的政策。

2003年,中国人民银行上海分行与南京分行共同承担了"长三角金融合作"的课题研究,并由两行分管副行长出任项目负责人。同年4月,两行召开长江三角洲金融合作框架研究会,提出从"三个视角"出发研究长三角金融合作问题。随后两行联合发布了《长江三角洲金融合作框架研究总报告》,提出了重点建设信息流、资金流和人才流的金融联动设想。

时至2014年,南京、宿迁、扬州、泰州、镇江、淮安、芜湖、马鞍山、滁州、宣城10市签署《泛长三角区域城市金融创新合作联盟战略协议》,共同推进金融市场开放合作、金融改革试点共建以及支付和征信系统创新等工作。作为中国经济发展创新的重要区域和互联网金融高地,长三角从2015年开始将互联网金融纳入区域金融合作的重要内容,特别是"长三角互联网金融高层对话"论坛的举办,标志着苏浙皖沪三省一市正式开展互联网金融跨区域合作,以期更好地为实体经济、创新创业服务。

2016年,《长江三角洲城市群发展规划》正式发布,提出围绕上海国际金融中心建设以及中国(上海)自由贸易试验区建设,提高金融市场一体化程度,切实发挥金融协调发展工作联席会议等平台的作用,加快推进金融信息、支付清算、票据流通、信用体系、外汇管理一体化;强化金融监管合作和风险联防联控,合力打击区域内非法集资,建立金融风险联合处置机制;做实"信用长三角"合作机制。上海市制定了国际金融中心建设"十三五"规划,立足于自贸区建设,充分利用"长江经济带"发展机遇,推动区域金融市场对内和对外开放。随着我国金融改革与金融市场对内开放的进一步加速,上海金融枢纽作用的强化将有利于推动长三角金融合作的深化。

第一节 安徽经济运行与发展现状

2020年安徽省生产总值(GDP)38 680.6亿元,居全国第11位;比上年增长3.9%(图4.1)。分产业看,第一产业增加值3 184.7亿元,增长2.2%;第二产业增加值15 671.7亿元,增长5.2%,其中工业增加值11 662.2亿元,增长5.1%;第三产业增加值19 824.2亿元,增长2.8%。三产业结构由上年的7.9∶40.6∶51.5调整为8.2∶40.5∶51.3。预计全员劳动生产率88 317元/人,比上年增加4 284元/人。

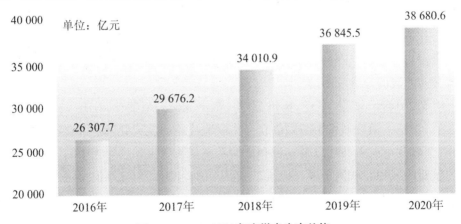

图4.1　2016—2020年安徽省生产总值

全省经济发展呈现出以下两个特点:

1. 新兴动能加快成长

规模以上工业中,高新技术产业、装备制造业增加值比上年分别增长16.4%和10.3%,占比分别为43.8%和33.5%。战略性新兴产业产值增长18%,其中新一代信息技术产业、高端装备制造产业、新材料产业、生物产业、新能源汽车产业、新能源产业、节能环保产业产值分别增长28.5%、9.3%、14.8%、22.7%、23.1%、29.6%和8.9%。市场销售中,网上零售额2 775.8亿元,增长20.1%。其中,实物商品网上零售额2 375.1亿元,增长24.3%,占社会消费品零售总额的比重为13%,比上年提高2.3个百分点。固定资产投资中,高技术产业投资增长9.7%,快于全部投资4.6个百分点。

2. 区域经济协调发展

合肥都市圈生产总值24 499.9亿元,比上年增长4%;合芜蚌国家自主创新示范区生产总值15 881.5亿元,增长4%;皖江城市带承接产业转移示范区生产总值25 564.5亿元,增长4.1%;皖北六市生产总值11 195.2亿元,增长3.6%;皖西大别山革命老区生产总值4 528.3亿元,增长3.9%;皖南国际文化旅游示范区生产总值12 738.1亿元,增长3.8%。

对外经济方面,全年进出口总额780.5亿美元,比上年增长13.6%。其中,出口455.8亿美元,增长12.8%;进口324.6亿美元,增长14.6%。从出口商品看,机电产品、高新技术产品出口分别增长17.9%和19.4%(表4.1)。

表4.1 2020年安徽省出口主要分类及地区分布

指标	绝对数(亿美元)	比上年增长(%)
总出口额	455.8	12.8
机电产品	269.4	17.9
高新技术产品	128.1	19.4
一般贸易	332.8	15.3
加工贸易	104.6	7.2
对亚洲	181.6	12.6
对欧洲	103.3	16.9
对北美洲	96.8	16.4
对非洲	20.6	−3.0
对拉丁美洲	42.9	2.5
对大洋洲	10.6	32.1

财政方面,2020年安徽省一般公共预算收入3 216亿元,比上年增长1%。财政支出7 471亿元,增长1.1%。重点支出项目中,社会保障与就业支出增长8.5%,城乡社区事务支出下降25.5%,科学技术支出下降2.1%,教育支出增长3.2%。全年33项民生工程累计投入1 213.6亿元。

全年社会融资规模增量9 251.2亿元,比上年增加1 987.6亿元。2020年末全省金融机构人民币各项存款余额59 897.8亿元,比上年末增加5 519.9亿元,增长

10.2%；人民币各项贷款余额51 520.5亿元，比上年末增加7 231.2亿元，增长16.3%。

工业与建筑业方面，2020年末全省规模以上工业企业18 369户。全年规模以上工业增加值比上年增长6%，居全国第6位。分经济类型看，国有及国有控股企业增加值增长6.6%，股份制企业增长5.8%，外商及港澳台商投资企业增长9.8%。分门类看，采矿业增长6.1%，制造业增长6.5%，电力、热力、燃气及水生产和供应业增长0.1%。分行业看，40个工业大类行业有26个增加值保持增长。其中，计算机、通信和其他电子设备制造业增长22.4%，汽车制造业增长15.3%，石油、煤炭及其他燃料加工业增长14.3%，化学原料和化学制品制造业增长13.5%，煤炭开采和洗选业增长8.1%。工业产品中，微型计算机设备、移动通信手持机、汽车产量分别增长37.4%、4.7%和23.8%。2020年全年规模以上工业企业利润为2 294.2亿元，比上年增长5.1%。分经济类型看，国有控股企业利润为683.2亿元，增长8.2%；股份制企业利润为2 009.8亿元，增长4.5%；外商及港澳台商投资企业利润为247.8亿元，增长11.6%；私营企业利润为680亿元，下降2.4%。全年规模以上工业企业每百元营业收入中的成本为85.08元，比上年增加0.04元；营业收入利润率为6.05%，比上年提高0.09个百分点。全年建筑业增加值4 032.7亿元，比上年增长5.8%。年末具有资质等级的总承包和专业承包建筑业企业5 878家，比上年增加1 304家。全年房屋建筑施工面积49 377万m^2，增加765.6万m^2；房屋竣工面积14 606.3万m^2，减少1 100.4万m^2。

服务业方面，安徽省2020年全年批发和零售业增加值3 516.7亿元，比上年增长1.7%；交通运输、仓储和邮政业增加值1 970.7亿元，增长0.8%；住宿和餐饮业增加值698.1亿元，下降7.6%；金融业增加值2 553.9亿元，增长6.7%；房地产业增加值3 100.9亿元，增长2.4%；信息传输、软件和信息技术服务业增加值888.6亿元，增长18.2%；租赁和商务服务业增加值1 075亿元，增长0.4%。全年规模以上服务业企业营业收入增长6.8%，其中以互联网信息技术、商务服务等新兴行业为代表的其他营利性服务业营业收入增长10.9%。全年货物运输量37.4亿t，比上年增长1.7%。货物运输周转量10 209.2亿t·km，下降0.1%。全年港口货物吞吐量5.4亿t，下降2.5%。全年旅客运输量3.3亿人次，下降45.3%。旅客运输周转量728.6亿人km，下降39.9%。全省民航机场旅客吞吐量1 032.9万人次，下降32%，其中合肥新桥机场旅客吞吐量859.4万人次，下降30%。2020年末全省民用汽车拥有量990.9万辆，比上年增长8.6%，其中私人汽车872.5万辆，增长9.3%；民用轿车拥有量557.3万辆,增长8.3%,其中私人轿车529.9万辆,增长8.7%。到2020年末,全省高速公路达4 904 km、一级公路达5 773 km、铁路营业里程达5 159.4 km,其中高速铁路营业里程2 329 km。全年电信业务总量5054.8亿元,比上年增长26.2%;邮政业务总量608.4亿元,增长38%。快递业务量22亿件,快递业务收入175亿元,分别增长42.5%和26.5%。年末全省电话用户总数6 870.2万户,其中移动电话用户6 310.7万户。移动电话普及率为99.1部/百人。固定互联网宽带接入用户2 145.2万户,比上年末增加233.1万户,其中固定互联网光纤宽带接入用户19 55.6万户,增加238.3万户。全年移动互联网用户接入流量61.5亿GB,增长33%。全年入境旅游人数69.3万人次,比上年下降89.4%。其中,外国人44万人次,下降88.4%;港澳台同胞25.3万人次,下降90.9%。国内游客4.7亿人次,下降42.6%。旅游总收入4 240.5亿元,下降50.3%。其中,旅游外汇收入2.7亿美元,下降91.9%;国内旅游收入4 221.5亿元,下降49.1%。皖南国际文化旅游示范区旅游收入2 167.3亿元,下降51.1%。年末全省有A级及以上旅游景点(区)625处。

人民生活及社保方面,2020年末统计,全年全省常住居民人均可支配收入28 103元,比上年增长6.4%,扣除价格因素实际增长3.6%。城镇常住居民人均可支配收入39 442元,增长5.1%,扣除价格因素实际增长2.5%。人均消费支出22 683元,下降4.6%。其中,食品烟酒支出下降0.3%,衣着支出下降12.2%,居住支出增长1.6%,生活用品及服务支出下降7.3%,交通和通信支出下降6.8%,教育文化娱乐支出下降18.5%,医疗保健支出下降1.2%。城镇常住居民恩格尔系数为32.6%,比上年上升1.4个百分点。2020年末城镇常住居民人均住房建筑面积为42.1 m²,比上年末增加0.3 m²。全年农村常住居民人均可支配收入为16 620元,比上年增长7.8%,扣除价格因素实际增长4.8%。人均消费支出15 024元,增长3.3%。其中,食品烟酒支出增长8.2%,衣着支出增长2.9%,居住支出增长2.4%,生活用品及服务支出增长1%,交通和通信支出下降2.7%,教育文化娱乐支出下降3.3%,医疗保健支出增长10.1%。农村常住居民恩格尔系数为34.3%,比上年上升1.6个百分点。年末农村常住居民人均住房建筑面积为54.6 m²,比上年末增加1.1 m²。年末全省参加城镇职工基本养老保险人数为1 283.5万人。城乡居民基本养老保险参保人数为3 490.1万人。参加失业保险人数为564.2万人,全年为15.3万名失业人员发放了不同期限的失业保险金。参加工伤、生育保险人数分别为683.9万人和653万人。年末全省参加基本医疗保险人数为6 705万人。年末34.4万人享受城市居民最低生活保障,183.7万人享受农村居民最低生活保障,农村五保供养34.6万人。

教育科学及文化方面,2020年末止,全年全省有研究生培养单位21个,普通高校115所,各类中等职业教育(不含技工学校)298所,普通高中661所。初中2 846所,初中阶段适龄人口入学率为99.98%。小学7464所,小学学龄儿童入学率为99.99%。

2020年末全省专业技术人才总量达435万人,其中高层次人才45万人。科研机构7 074个,其中大中型工业企业办机构1 288个。从事研发活动人员26.2万人。全省已建成全超导托卡马克、稳态强磁场、同步辐射等国家大科学装置;有国家重点实验室(含国家研究中心)12个,省重点实验室175个;有省级以上工程技术研究中心534家,其中国家级9家。有省级以上高新技术产业开发区20个,其中国家级6个。有高新技术企业8 559家,比上年净增1 923家。全年登记科技成果20 168项,其中各类财政资金支持形成的科技成果953项。授权专利11.97万件,比上年增长45%。2020年末全省有效发明专利9.82万件。全年输出技术合同成交额742.4亿元,增长64%;吸纳技术合同成交额1 131.2亿元,增长85.4%。2020年末全省有获得资质认定的检验检测机构1 530个,国家质量监督检验中心23个;产品质量、体系认证机构42个(包含在皖分部、分公司),累计获得强制性产品认证的企业1 067个;法定及授权计量检定技术机构226个,全年强制检定计量器具308.1万台(件)。累计主导或参与制定国际标准44项、国家标准3 100项,制定、修订地方标准2 984项。累计拥有国家地理标志产品81个、有效注册商标76.9万件。安徽省测绘档案资料馆全年为社会各界提供各种比例尺地形图37 811幅、测绘基准成果3 060点(次),航空航天遥感影像332万平方千米、数据量25 581 GB;完成国家基本比例尺地形图生产与更新30 710幅、地理国情动态监测14万平方千米,"天地图·安徽"地图网站数据更新1 113.2 GB。年末全省拥有文化馆123个,公共图书馆127个,博物馆219个(含民营博物馆),乡镇街道综合文化站1 437个。全国重点文物保护单位175处,合并国保项目4处,省级重点文物保护单位915处。国家级非物质文化遗产名录88项,省级名录479项。年末全省广播电视台78座,广播节目综合人口覆盖率为99.93%,电视节目综合人口覆盖率为99.9%。有线电视用户783.4万户。全年出版报纸98种,总印数5.6亿份;期刊(杂志)180种,总印数0.36亿册;图书9 821种,总印数2.9亿册。年末全省有各级国家综合档案馆125个,馆藏档案资料4 698.7万卷(件、册),库馆总建筑面积52.5万 m^2。①

整体来说,虽然自2019年面临疫情的影响,但是安徽省内经济仍在平稳运行,持续发展。

第二节 安徽与长三角城市发展对比

一、人均产值较低,增长率差别大

江苏省13个城市的地区生产总值增长率及三产增长率总体呈现上升趋势。南通市、淮安市、扬州市、泰州市和宿迁市的地区生产总值增长率均在10%以上,苏州市的地区生产总值增长率在7%以下,其他城市均在7%以上;第一产业增长率除了无锡市是负增长外,其他城市均在2%以上;第二产业增长率除了无锡市和苏州市在4%以下,其他城市均在4%以上;第三产业增长率全都在10%以上;从中能够看出江苏省区域发展较为平衡,但仍有很大的发展空间。浙江省的地区生产总值增长率及三产增长率相对于江苏省来说波动较大。绍兴市的地区生产总值增长率是7.23%,在浙江省最低,其他城市均在8%以上;嘉兴市的第一产业增长率为负,其余均在4%以上,其中舟山市第一产业增长率最高,为14.14%;温州市的第二产业增长率为3.65%,其他城市均在5%以上;宁波市和绍兴市的第三产业增长率均在10%以下,其余城市在10%以上;总体来说,浙江省的第三产业增长率最高。

安徽省各地区生产总值增长率较为平稳,各个市区均在5%以上,其中合肥市地区生产总值增长率最高。据统计,2021年第一个季度,安徽省合肥市全市生产总值(GDP)2 356.31亿元,按可比价格计算,同比增长22.6%,GDP增速位居长三角第一。

---

① 数据来源:2020年安徽省国民经济和社会发展统计公报,安徽省人民政府官方网站,https://www.ah.gov.cn/zfsj/tjgb/2020n/553965781.html。

分产业看,合肥第一产业增加值59.54亿元,增长7.9%;第二产业增加值733.45亿元,增长35.2%;第三产业增加值1 563.32亿元,增长18%。

从横向看,合肥部分经济指标好于全国、全省。从长三角城市看,合肥GDP增速居第一位,分别快于南京、杭州6.6个和4.3个百分点。从体量相近的城市看,合肥GDP增速分别快于福州、西安4.6个和6.6个百分点。

从纵向看,合肥主要经济指标实现高速增长,生产总值、一般公共预算收入实现20%以上增长,规上工业增加值、建筑业产值、社会消费品零售总额、进出口4项指标实现40%左右的增长。

从长远看,人流、物流、资金流畅通活跃,积极因素不断累积,带来经济社会的良好循环。一季度,全市城镇新增就业4万人;公路客货运周转量同比增长36.2%,两年平均增长8.0%;快递业务量2.34亿件,同比增长66.6%,两年平均增长39.0%;企事业单位中长期贷款比年初增加568.2亿元,占全部新增贷款的62.1%,同比提高29.4个百分点。

而安徽省内发展较为滞后的黄山市,2020年GDP总量为850.4亿元,GDP增速为2.8%,人均GDP为53 521元,低于省内平均水平。

总而言之,虽然安徽省的经济在稳步增长,但省内各市间发展的差距较为悬殊,且人均产值较低,较长三角其他省市仍有一定差距。

二、第一产业和第二产业比重较高,第三产业比重较低

据前文分析可知,安徽省的第三产业比重落后于全国第三产业比重。且相对于其他三个省市,安徽省的第一产业和第二产业比重相对较高。其中,第一产业比重远远大于其他三个省市和全国第一产业比重;第二产业比重和江苏省、浙江省相差不大。安徽省过高的第一、第二产业比重和较低的第三产业比重,表明安徽省仍处在工业化进程之中,第三产业的发展仍有很大的提升空间。

上海市的产业集中在高新技术类产业和服务类产业上,2020年占比72.74%。江苏省的第二和第三产业比重接近,其中扬州市、泰州市、镇江市的第二产业比重均大于第三产业比重,徐州市、连云港市、淮安市、盐城市和宿迁市的第一产业比重相对较高。

第三节　安徽的金融结构优化

一、建设金融生态促进区域经济发展

(一) 完善金融机构

完善的金融机构将促进城乡区域各金融机构数量的增加和服务质量的提升,银行、证券、保险等多种类型金融机构形成区域多元化的金融发展模式和融资结构,有利于提升资金的可获得性,满足企业和居民的资金和发展需求,缓解区域经济发展的融资约束。另外,区域城乡金融机构的优化布局,通过对企业和居民信用状况评价的加强,提高银行信贷决策效率,将拓宽融资渠道,进一步提高企业和居民的资金可获得性。特别是对于边远和贫困地区的居民,将通过完善的金融机构获得资金,改善民生和实现生产发展,提高金融减贫绩效。

(二) 完善社会信用体系

信用体系建设是金融生态建设的重要组成部分,良好的金融生态环境代表区域的信用体系运行状况较好。在信息不对称条件下,区域融资主体和金融机构之间容易产生信贷资金错配问题,其重要根源是金融机构不了解企业借贷者的信用情况,为规避风险而宁愿不放贷给相关主体。如果区域信用状况未达到一定程度,将会产生严重的逆向选择问题,从而阻碍该区域中小企业的发展和创新。而相关企业和个人为获得发展所需的资金,只有向民间融资,从而产生较高的融资成本。良好的区域信用体系将克服区域信贷资金的逆向选择问题,企业和居民骗税等失信行为将被严格的法律、金融制度所约束,这将有效降低企业和居民的融资成本。

(三) 创造良好金融生态

良好的金融生态环境有利于优化区域资源配置,推动货币市场、股票市场和债券市场的健康发展,这将促进金融资源在不同产业和不同规模企业间的配置,提高资金的使用效率。另外,金融生态建设将推动创新资源在产业链中不同环节间的合理配置,促进区域产业结构优化调整和产业链延伸发展,加快区域承接发达地区的产业转移,并推动相关企业的技术升级改造。

(四) 重视区域金融生态

良好的区域金融生态建设意味着政府减少对金融市场的行政干预,促进金融市场化进程,市场化的金融体系将促进交易环境的公平和规范,使金融产品的价格按照市场化原则进行定价,缓解市场资源错配问题。另外,完善的金融生态也代表着规范的金融法治环境,这将提升企业、居民和社会的互信程度,降低合同和契约的执行成本,抑制商业银行关联贷款,必然有助于持续推进区域市场繁荣和经济发展。

二、金融生态对安徽经济的促进作用

(一) 促进合肥都市圈发展

随着长三角区域一体化国家战略的实施,合肥都市圈加快融合发展,促使中心城市能级提升。安徽金融生态建设通过交通、旅游、产业、资源互通的方式促进合肥圈经济区域经济快速发展。在交通上,商合杭高铁和合安高铁进入全面建设阶段。城际铁路方面,正在建设合安九城际铁路,规划建设合宁城际铁路等10条线路。因此,金融生态和金融服务质量的提升使合肥都市圈内交通联系更加紧密,为合肥都市圈与周边城市的融合发展提供了空间便利条件。另外,良好的金融生态环境加快了新桥机场航空产业物流园区建设,有助于合肥都市圈现代物流业的发展。医疗服务上,金融生态建设推动合肥都市圈医疗网络系统的整合,实现对医疗资源的优化配置,优化县城、乡镇、村组医疗卫生网络体系,服务合肥都市圈各个地区。在社会保障资金方面,金融生态建设完善城镇社会福利设施建设,建立覆盖城乡的居民养老院、老年活动中心等社会福利设施,从而实现安徽全省基本养老区域统筹,有力保障了合肥都市圈社保关系的无缝转移、接续。

数字信息工程方面,在高质量金融服务和资金支持下,合肥都市圈建立区域信息一体化工程,构建与长三角地区对接的信息平台。生态环境建设方面,建立合肥都市圈区域生态补偿的金融生态制度,重点针对巢湖生态区、淮河生态保育带、江淮分水岭生态保育带和江淮运河生态保育带区域,设立生态补偿专项资金。随着安徽区域金融生态建设水平的提升,合肥都市圈区域经济和社会得到快速发展,同时在推进长三角区域一体化战略行动中起到重要作用。

另外,金融生态建设也吸引更多优质的产业项目,促进区域产业结构优化和升级。以合肥金融港为例,目前签约入驻了200多家企业,园区内外金融产业资源得到有效整合,消费金融、区块链金融相互融合,逐步形成了合肥滨湖新区互联网、金融产业集群区,有力促进了合肥都市圈制造业和服务业的融合发展。

(二) 推动合芜蚌国家自主创新示范区建设

近年来,科技金融和金融生态建设有力促进了合芜蚌国家自主创新示范区的发展。2014年,合肥市设立天使投资基金,有效解决了科技型企业初创时期融资困难的问题。2016年3月,合肥市成立科技金融创新战略联盟,2019年安徽金融机构支持合芜蚌国家自主创新示范区参与G60科创走廊建设,围绕产融结合、先进制造业、高端服务业等进行重点金融支持,促进合芜蚌国家自主创新示范区与上海科创中心、苏南示范区协同共建。金融科技和信用环境的优化进一步改善了合芜蚌国家自主创新示范区的科创环境,合芜蚌国家自主创新示范区高新技术产业增加值总量已占安徽全省一半以上,全社会研发投入年均增长率逐年提升,已超过全国平均水平0.85个百分点,并成为全国有重要影响力的产业创新中心。金融生态建设也加快了合芜蚌国家自主创新区的人才集聚,研发人员和每万就业人口从事R&D活动人员年均增长率均超过10%。在良好的金融生态环境推动下,合芜蚌国家自主创新示范区创新产出不断增加,发明专利授权、有效发明专利、技术合同登记数量增长迅速。

（三）促进皖江城市带承接产业转移示范区发展

皖江城市带在安徽承接产业转移中具有重要的战略地位，2010年1月12日，国务院正式批复《皖江城市带承接产业转移示范区规划》，安徽沿江城市带承接产业转移示范区建设被纳入国家发展战略。近年来，金融生态建设在皖江城市带承接产业转移示范区建设过程中发挥了重要作用。由于安徽金融生态和信用环境的不断改善，皖江城市带地区亿元以上省外投资项目到位资金稳步增长，地区生产总值实现快速增长。另外，金融生态建设引领皖江城市带积极抓住创新改革试验区建设的机遇，深入推进了新型显示、机器人两个国家级战略性新兴产业集聚基地建设。芜湖、马鞍山、铜陵等城市智能语音、新能源汽车、现代农机等11个省级战略性新兴产业集聚基地和项目建设速度得到快速提升，战略性新兴产业产值占安徽全省的比例逐年提高，产业结构优化和升级的趋势日益显现，这也为皖江城市带地区深度融入长三角提供了有利条件。

（四）促进皖北承接产业转移集聚区发展

皖北承接产业转移集聚区矿产资源丰富，交通便利，也是安徽省融入"一带一路"国家战略的重点地区。为了支持皖北承接产业转移集聚区企业高水平发展，安徽大力优化皖北地区金融机构组织体系，构建多层次、多元化、全覆盖的银行业组织体系，积极改善皖北地区信用环境，支持和加快"6+2+N"产业承接平台和产业重点项目建设，实现绿色信贷，有力保障了皖北地区经济发展所需的资金。

在具体实施措施方面，2015年以前，皖北地区县域存贷差额扩大的现象比较严重。为改变这一现状，安徽银监局选定皖北地区的蚌埠、宿州以及濉溪、太和、利辛、凤阳、寿县"2市5县"开展信贷资金回流监测工作，从而引导当地建立科学的信贷政策。[①] 以往皖北地区的金融产品普遍单一，安徽银监局与政府有关部门联合提出实施"4321政银担合作模式"，开展金融帮扶小微企业活动，引导金融机构结合地区特点建立适合的金融产品和金融服务。皖北地区金融生态建设有效激活实体经济，为皖北地区承接产业转移和经济发展提供了强大动力。

---

① 丁华，丁宁.长三角一体化背景下金融生态与安徽区域经济发展[J].蚌埠学院学报，2021(1).

(五) 促进皖南国际文化旅游示范区发展

皖南国际文化旅游示范区是安徽省重要的经济、文化和旅游中心,也是闻名世界的旅游胜地。金融生态建设充分发挥皖南国际文化旅游示范区得天独厚的生态、文化、红色资源优势,安徽通过构建多层次、全覆盖的金融机构组织体系,重点支持皖南国际文化旅游示范区的旅游业发展。通过金融生态建设,皖南国际文化旅游示范区不断加快文化、旅游、生态、科技融合发展,黄山、池州和宣城地区全域旅游得到快速发展,"黄山""两山一湖"等旅游品牌影响力不断扩大,这有力促进了皖南国际旅游区健康发展,皖南国际文化旅游示范区也逐渐成为全国重要的特色优质农产品基地和旅游康养基地。

第五章 安徽参与长三角区域生态保护工作的策略研究

第一节 长三角生态环境的协同治理

一、长三角生态环境协同共治战略

（一）生态环境成为长三角区域转型发展的瓶颈

长三角地区经过30余年粗放高速发展，在经济总量持续增长的同时，面临着资源约束趋紧、环境污染严重和生态系统退化的严峻形势。这不仅对区域居民生活质量造成严重的影响，而且成为该地区经济转型、产业升级的阻碍。

（二）"绿色发展"要求区域实施经济发展与环境改善协同共治

"绿色发展"作为党的十八届五中全会提出的五大理念之一，为长三角地区改变经济增长模式，实现产业升级与生态环境协同发展指明了发展方向。"两会"政府报告中明确"十三五"期间"推动形成绿色生产生活方式""下决心走出一条经济发展与环境改善双赢之路"。长三角加强区域间在资源集约利用、生态环境修复、产业升级引导、社会市场治理等多方面的协同合作,推进区域绿色转型发展既是长三角作为经济发达地区要坚决贯彻落实的国家发展理念,也是实现区域可持续发展的必由之路。

(三) 生态环境完整性要求区域协同共治

生态环境的系统性和整体性特征是生态系统的根本性特征。大气、水、土壤、海洋等生态要素之间高度相连、互相作用。因此局部环境污染与生态失衡往往迅速蔓延成为全地区和全系统的生态环境问题,如水环境污染、雾霾居高不下、臭氧等光化合污染兴起、土壤污染、辐射量加剧等,并且随着区域城市群推进,地区之间的联系更加广泛与深入,以行政区划为界、依靠辖区政府、各自为政的管控型环境治理模式难以为继。因此打破行政边界和管理部门之间的藩篱,实施跨区域、跨部门协同治理与发展成为必然选择。

二、长三角区域生态治理政府间协作现状

随着区域经济合作的不断加强,长三角区域的生态治理政府间协作也在不断探索中。经历了长足的发展后,自2014年区域联防联控协作机制建立以来,长三角地区建立了空气污染预测报告平台、科研平台、数据共享平台,在区域环境空气质量的改善、主要污染物减排和协作机制的深化完善方面有一定成效。以大气污染联防联控为重点,深化环保合作,加快环境保护一体化发展,不断深化与完善协作机制,建立了大气污染防治专项协作机制,成立了长三角区域大气污染防治协作小组,出台了《长三角区域落实大气污染防治行动计划实施细则》。长三角区域大气污染防治协作机制建立以来,二氧化硫、二氧化氮和PM 2.5的浓度均有不同程度的降低,而臭氧污染的改善效果并不明显。在水污染等其他环境问题治理方面,区域主管部门也表示将推进水环境联动治理机制。

2016年底,随着黄浦江上游水源地工程正式通水,上海市、浙江省从太浦河取水的规模和供水覆盖范围大幅扩大,上下游联手保障太浦河供水安全的必要性愈发突出。2018年8月,环淀山湖战略协同区联席会议在青浦区举行,青浦区、昆山市、吴江区、嘉善县四地共同签订了11个专项合作协议。会议还发布了《环淀山湖

战略协同区青昆吴善一体化对接事项清单(2018—2020)》,剑指规划契合、设施汇合、产业耦合、功能聚合、治理融合、环保联合的宏伟目标。在其基础上,长三角地区三省一市就保护区域内水资源质量、水污染治理的全新合作揭开序幕。

综上所述,长三角整体生态环境退化明显,主要环境问题是水质普遍超标、雾霾在极端气候条件下超标严重、臭氧等光化合污染加剧,并且污染特征从局地型向复合型、区域型转化;工业、建成区生活污水等点源控制绩效较明显,但农村生产生活面源控制难度大,车船等流动源污染不容忽视;区域间协同共治持续推进,大气污染防治协作机制初建,成效可见。

三、长三角生态环境治理协同战略目标

（一）战略定位

生态环境保护协作开展的战略定位是长三角生态环境协作保护制度规则、保护机制体系最根本、最宏观的出发点。长三角生态环境保护协作的战略定位必须要转变传统的价值理念,强调长三角生态利益的五位一体战略定位,强调长三角生态环境保护一体化的战略定位。

长三角要将区域的经济发展作为生态环境的一部分,而不是作为优先于生态环境的独立利益,要求生态环境保护协作机制的设立作为经济、社会规划的重点;依据生态环境保护需要优先设立相关机制;增强长三角生态环境保护协作机制的前瞻性和可操作性;要求长三角不同省市将环保规划作为经济社会发展的基础性、约束性、指导性规划,其他专项规划在编制过程中要主动与环保规划、生态功能区划相衔接;要求将跨区域的规划环评、建设项目环评作为本地区经济项目的第一审批环节,同时建立各类专项规划立项的备案制度,规划和建设项目未通过跨区域的环评不得实施;要求将不同地区的环保投入作为公共财政的支出重点;确保财政对环保支出的增幅高于经济增长速度,注重运用市场机制,引导社会资金优先投入长三角环保产业和长三角环境基础设施建设;要求将主要环保指标作为长三角区域发展绩效和干部考核任用的重要内容和刚性指标,最终在长三角形成生态环境保护一体化的生态文明示范性区域。

（二）发展目标

至2030年，长三角在生态环境保护方面建立完善的协同发展关系，生态空间布局结构全面优化，城市生态定位合理有序，长三角区域生态环境明显改善，成为具有较强国际竞争力和影响力的世界级跨区域生态环境建设的典范。主要发展目标是：

1. 长三角生态环境保护整体统一管理

长三角生态环境保护应该遵循整体统一管理的目标，有必要在长三角这一级别设置跨区域的生态环境保护管理机构。其根本原因在于长三角生态环境系统自身所具有的统一性和流动性，对于生态环境的保护与其他职能机关的"因事管理"有很大区别。长三角生态环境整体统一管理要求长三角不同区域加强各环境要素综合管理，注重协调各环境要素的分别管理，建立综合性的环境行政管理体制，并且实行流域和跨行政区域环境资源管理。比如防治长三角土地污染不能仅从土地本身考虑，造成土地污染的因素可能来自天空、水流等其他因素，因此土地污染防治必须与长三角大气和水污染防治、自然资源开发利用紧密联系；再比如水环境的保护，由于流域具有整体流动性，无论污水从哪里排入河流，也无论水资源从哪里被提取利用，流域开发行为都会对河流的上下游、左右岸的生态环境要素产生影响。上游的污染会波及下游，而下游的环境保护及经济发展则要求从上游流来的水符合一定的水质、水量要求，应当把整个长三角流域看作一个完整的生态系统，实施长三角流域的系统管理。

2. 长三角生态环境风险防范的统一理念

欧美和日本等发达国家对于生态环境风险认识早有前车之鉴，后来面对生态环境的巨大破坏时，在进入20世纪90年代以后便开始实行生态环境风险防范目标。根据这一目标，只要存在某种环境污染破坏的可能，就必须采取措施加以防范。其经典的表述就是一些国际法律文件和国内法律所规定的"遇有严重或不可逆转损害的威胁时，不得以缺乏科学充分确实证据为理由，延迟采取符合成本效益的措施防止环境恶化"。

长三角目前强大的经济发展能力可能使环境问题也出现防不胜防的状况，而一旦出现生态环境风险极有可能殃及其他区域。例如，浙江的化学污染可能影响上海地区，同样，江苏的水污染事件也可能影响上海地区。因此在未来的2030年，长三角如果依据现有知识水平和技术条件,对部分项目实施可能产生的不良环境影响的程度或范围不能作出科学判断的,长三角生态环境保护审查小组应当提出不予通过的意见。如果长三角生态环境保护协作机制中能够贯彻这一目标,一些具有重大生态环境风险的建设项目便再也不能以其环境影响尚无科学充分证据为由而在长三角实施建设,这样就能够保证长三角的生态环境在未来不会产生重大、灾难性的事故,从而起到预防重大环境风险的目的。

3. 实施长三角区域生态环境不得恶化的底线标准

目前,长三角对污染物排放实行达标即合法原则。如果一个建设项目虽然有较多污染物的排放,但符合污染物排放标准就可以建设和运营。在污染物排放标准方面,过去实行的是浓度标准,虽然长三角在某些方面和地区实行了总量标准,但即使在实行总量标准的地区,只要排污达标,又不超过当地的环境容量,就可以建设。这就可能导致长三角部分区域如果有相当的环境容量,便可能引进在其他地区不能建设的项目,使污染转移,结果仍然使得长三角区域生态环境质量下降,这种生态环境保护的标准从生态环境保护的要求来讲是合法的,但这种做法却导致长三角区域的生态环境恶化。好的环境是不应让其恶化的,即在合法的情况下促使长三角不同区域提升生态环境质量标准。

所以,长三角区域生态环境应该在坚持同一标准的基础上,还要秉持当地生态环境不得恶化的底线标准,只有在实行"区域标准"的基础上,环境已经恶化的地区环境质量才能得到改善,环境质量优良的地区才能继续保持良好的状态。否则,如果仍然实行达标合法原则,环境质量差的地区很难变好,因为排污达标后就不需要改善了;环境优良、环境容量大的地区将难以避免环境质量恶化。因此,不得恶化标准的实行将从根本上改变排污、破坏生态合法的观念,只要建设会导致当地环境质量恶化,就不能说是合法的,就有预防和治理的义务,也就可以为解决排污达标但仍然污染、扰民的问题提供法律根据,这一标准的实施将有助于长三角生态环境质量逐步优化和回升。

4. 实现公众对长三角生态环境保护的全方位参与

长期以来,长三角的生态环境保护制度的实现主要依靠政府的主导作用,生态建设和控制环境污染的传统方法往往是所谓的"命令——控制"方法,即主要依赖行政命令,这也是典型的对"理性政府"和"理性认知"的依赖体现。然而,长三角生态环境问题的特殊性和涉及公众利益的广泛性、跨区域性,导致政府行为日益暴露出在生态环境保护上的局限性。比较典型的是,在合法合规的前提下,从源头预防污染产生,最有效地减少资源消耗,不排放废弃物,这些从本质上而言是企业和公众的道德行为,属于政府的强制力难以触及的领域。要在长三角区域实现污染物减少排放、保护环境,走出一条低消耗、低排放、高效益、高产出的新型工业化道路,就必须摆脱政府主导的局面,而转向公众参与生态环境保护,这样才能实现长三角地区在生态环境保护上达到世界领先的水平。

长三角一定要从生态环境资源具有"公共物品"特殊性的角度出发,依靠充分的公众参与,建立公众对长三角环境保护的问责制,将环境考核情况作为干部选拔任用和奖惩的依据之一;积极推动以跨区域规划环境影响评价为主的战略环评,从发展的源头保护环境;保障公众对长三角环境的知情权、监督权和参与权。

同时,大力倡导长三角民众适度消费、公平消费和绿色消费,反对和限制盲目消费、过度消费、奢侈浪费以及不利于环境保护的消费。只有公众提高了环保意识,共同参与到长三角区域的节能减排、环境保护事业中来,长三角面临的环境资源问题才有可能逐步得到有效解决。

四、推进长三角生态环境协同治理战略的途径

（一）完善长三角生态环境协同发展的管理模式

长三角生态环境协同发展的管理模式涉及"三省一市"在生态环境污染治理权限方面的协同发挥,核心为长三角生态环境协同发展治理权限的运行过程,应该主要解决"跨区域生态环境破坏和污染问题"的启动机制和解决方案运行机制,确保不同省市是以"长三角一体化"而非以"以邻为壑"的观念对待本区域的生态环境问题,是以"如鲠在喉"而非"不痛不痒"的心态对待非本区域的生态环境问题。

对此,在国外存在两种模式选择,一种是自上而下,通过纵向管理,强制性地针对不同区域主体规定义务,要求各区域生态环境治理主体服从统一的行政指令,并且对区域生态环境进行达标管理;另一种是平行模式,即各行政主体之间进行平等协商,通过联席会议的协商方法达成治污协议,不同主体对该协议予以承诺并且自愿遵守。前一种治理模式不可避免地陷入"政府理性"的误区,甚至可能造成行政命令干扰客观规律的负面作用;后一种治理模式无疑可以体现主体的自愿性和主

动性，也就是不同主体在意思自治的前提下，通过衡量自己的客观状况，去积极地实现和达成协议规定的目标。这类似于哈耶克所提出的自发秩序的形成，可以在人们追求形形色色、互不相同，甚至相互冲突的个人目标时，形成有效的生态环境治理秩序，并且促进生态文明的持续进步。但是要在长三角区域实现生态环境污染治理的自发秩序，就必然会存在一个各方博弈的过程，即长三角生态环境协同发展的共性问题，以及"三省一市"的个性问题应该如何提出，又该如何解决。

其一，从"理性经济"的假设出发，各方可以选择由自己首先主动承担较多的生态环境污染治理义务，但是这样就会带来自身利益的受损，其他主体也不一定会跟进治理。毕竟，如果个体面临只能通过集体行动才能够得到某种公共物品的前提，理性个人依然存在着不付出努力而获得部分公共产品份额的侥幸心理，侥幸心理的泛滥同样造成集体行动面临困境，只有每个人都参与提供公共物品，那么所有人才会从中受益。

其二，各方也可以选择明确指出不同省市在生态环境污染治理上的不足之处，并且依据区域的设定目标要求相关省市完成相应的治理工作，这样极可能造成对方利益受损，并且很可能会导致以平等合作为主旨的协商会议破裂。因此，选择恰当的管理模式就成为长三角生态环境协同发展顺利实施的首要突破口。协商会议制度下的轮值省模式能够有效地打破这种利益选择困局，有利于长三角生态环境协同发展问题的提出和解决。以长三角的大气污染治理为例，大气环流具有周期性的客观规律，在固定的周期内部分省市会成为污染主要受害者，在同样年度的另外一个周期内又成为施害者，周而复始，循环往复。协商会议制度下的轮值省模式就是让受大气污染影响最厉害的主体，在特定时间段内成为长三角大气污染联防联治权力运行的主导者、污染议题的提出者，并且能够引导议题方案的解决。在这一模式下，每一个主体都能够将自己所遭受的大气污染问题明确提出，并且要求协商联席会议对此进行研究和解决，保证每一个主体的利益诉求，在维护平等协商会议架构存续的前提下将问题予以暴露和解决，最大限度地保证长三角大气污染管理的公平和公正。

（二）完善长三角生态环境协同发展的管理架构设计

管理架构的设计决定了在长三角生态环境协同发展中主体、资金、技术等要素作用的合理发挥。如果能够选择科学合理的架构设计就能发挥不同省市的主观能动性以及资金的激励作用和技术的促进作用。根据长三角生态环境协同发展的实践要求,管理架构可以设立的核心部门为动议组、技术组、资金组。

动议组主要负责相关长三角生态环境协同发展议题的提出和讨论,明确长三角的生态环境容量,对不同省市的污染物排放量进行合理分配,明确跨区域污染的解决方案,对不同省市的重要生态环境污染个性问题进行研讨并提出解决途径。

技术组主要负责在长三角生态环境协同发展过程中,对跨区域大气污染和水污染原因、过程以及结果进行客观阐明,有利于从客观的角度界定三省一市相关的生态环境污染贡献度。技术组还要就不同污染的减排和治理进行技术研究以及技术选择,提出长三角生态环境协同发展治理的技术援助方案,互通有无,共同攻关,这有利于从"预防为主"的角度分析和解决长三角生态破坏和环境污染。

资金组主要考虑从经济利益的角度将三省一市结合在一起,通过利益的激励效应作用促进三省一市遵守长三角生态环境协同发展框架。资金组的核心作用是成立长三角生态环境协同发展治理公共基金。在公共基金的组成过程中,资金组要按照公平公正的原则和生态环境污染贡献比例标准确定三省一市承担的相应比例,同时负责长三角生态环境协同发展治理公共基金的收集以及资金的合理运行,在动议组和技术组的协助下,确定在长三角生态环境破坏和污染治理中哪些事务属于应该遵从公共治理原则的公共事务,哪些业务属于应该按照"损害生态环境者付费"的原则由各省市单独负责的业务,并且选择合理的技术解决方案进行治理。

(三) 构建长三角生态环境协同发展的信息管理平台

由于长三角的生态环境属于典型的生态公共产品,长三角生态破坏和环境污染产生的原因、污染现状、发展趋势、治理程度等方面的信息都应该向社会公众公开。公众有权利实时动态地了解长三角生态破坏和环境污染的基本情况。在国家法律允许的限度内,要将长三角所有的生态破坏和环境污染行为都置于民众的公开监督之下,将违规排放行为暴露在社会公众的视野范围之内。长三角生态环境协同发展的过程同样也需要在社会公众的监督下进行,公众有权利了解长三角生态破坏和环境污染的过程、结果以及治理内容。为达到这一目的,就需要结合"互联网+",设立一个面向社会公众公开的长三角大气生态破坏和环境污染信息管理平台。三省一市需要将涉及生态破坏和环境污染的全部固定污染源,以位置为基准公开在这个信息平台;将涉及环境污染的全部移动污染源,以区域为基准公开在这个信息平台；并且每一污染源要将其每日产生的污染物的相应位置和区域范围进行公开。作为环境保护机关，按照属地主义有义务将本地的污染源和生态破坏情况在信息管理平台上进行公开的同时，也有义务按照生态环境质量标准实时地公开当地的生态环境质量。为了强化公众对生态破坏和环境污染的监督作用，长三角生态环境协同发展的信息管理平台应该具有开放性、实时性和互动性，也就是公众有权利了解生态环境质量、环境污染源，同时公众也可以将未在信息平台上公开的生态环境污染源，通过申请的方式标注在这一信息平台上。企业或者环境保护管理机关有义务满足公众的需要公开此环境污染源，确保在公众的监督之下，做到长三角生态破坏和环境污染源全披露。通过生态环境污染源的全部公开和生态环境质量的彻底公布，公众不但了解长三角地区生态环境的"表"，而且能够了解生态环境质量变化的"本"，只有这样才有利于长三角生态环境质量的标本兼治。只有三省一市把所有生态破坏和环境污染源公开在统一的信息平台，才有利于找到长三角生态环境破坏和污染问题的根源，才有利于长三角生态环境问题的解决，这也是长三角生态环境协同发展实现巨大效力的起点。"欲诚其意者，先致其知"，长三角生态环境协同发展信息管理平台的构建是三省一市诚意的最好体现，没有公开的信息平台，可能会由于信息不对称而产生各方不信任感，从而导致长三角生态环境协同发展的实际执行力大打折扣。

（四）完善长三角生态环境协同发展的管理效果评估

三省一市联席会议通过长三角生态环境协同发展的方式共同治理生态环境问题，这是一个松散的联合体治理，具有浓厚的自治和市场色彩，不同于珠三角生态环境的治理，也不同于京津冀的生态环境协同治理。因为珠三角和京津冀更具有强烈的行政色彩。珠三角基本属于广东省的"一省"之治，治理措施的推行会随着治理效果的差异化由广东省政府进行相应的调整；京津冀则在某种程度上属于国务院领导下的"国家"之治，各种产业布局和污染源的分布可以按照生态环境的规律进行调整，让产业布局去适应生态环境容量的使用规律和环境自身所具有的自然规律。与之相比，长三角生态环境的协同发展，在管理体制的推行上无疑存在着先天不足，也就是协同发展措施制定以后可能存在自主遵守不足，或者各方虽然遵守了长三角生态环境协同发展的举措，但是治理效果仍然不佳，则有了相应地如何继续跟进措施，如何继续对各方进行督促的困难。这都涉及对长三角生态环境协同发展的行为评价问题。站在本区域受害的立场去指责其他区域,很容易引发矛盾;如果没有站在本区域的立场,则会不可避免地产生"公地的悲剧"。因此就需要在管理体制中引进权威的独立第三方,对长三角生态环境协同发展具体措施的执行进行评估,以进一步评价措施的有效性和执行性。独立第三方所作出的结论要具有客观性和中立性,让三省一市心服口服。由第三方对长三角生态环境协同发展的效果进行评估,同时对不同省市的承诺和措施进行评估,评估的目的并非追责,而是要探寻未能达到目的的原因,分清是属于经济、技术等客观方面的原因,还是怠于行使、不愿作为等主观方面的原因。如果是主观因素,则需要通过督促或者进一步协商,甚至诉诸公益诉讼的方式促进其完成;如果属于客观要素的影响,则可能需要降低事前协商目标,进一步调整长三角生态环境协同发展的举措或者进行遵约援助的方式协助相关省市达到协同发展的目的。

(五) 构建长三角生态环境协同发展的机制体系

构建长三角生态环境协同发展系列制度对开发和利用长三角环境行为所产生的环境质量下降或者环境破坏等应当事前采取预测、分析和防范措施,以避免或消除由此可能带来的对长三角生态环境的损害。要强化长三角生态环境总体规划的法律地位,长三角生态环境总体规划是长三角生态环境保护管理乃至长三角发展布局的重要依据,也是长三角避免生态环境质量恶化,走向良好发展的首要预防性机制。该机制与长三角环境总体规划与城市规划、土地利用规划、主体功能区等基础性规划融合,建立生态空间、生态质量规划体系,贯彻实施环境优先的原则和功能提升的目标,促进长三角生态环境健康发展;要创设长三角生态红线保护机制,生态红线是防止长三角生态安全出现危机的重要预防性机制,长三角生态红线保护制度要依据"风险预防、保住底线、兼顾发展"的基本原则,通过辨识生态价值较高、生态系统比较敏感及具有关键生态功能的区域,实施分类管理和控制,严格生态准入,强化生态监管,施行生态补偿,恢复和改善长三角特殊地域、特别环境要素的生态功能,有效保障重要生态区域和环境要素的基本功能,避免人为活动对生态安全进行干扰。最后,要构建符合长三角特色的统一环境标准制度,长三角环境标准制度是构建长三角生态安全、严守生态安全底线、促进经济社会可持续发展的基准。因此,长三角环境标准的制定还要参考长三角在一定时期的自然环境特征、科学技术水平和社会经济发展状况,在符合国家标准的情况下,制定符合长三角特色的统一环境标准制度。

(六) 长三角积极引入生态环境保护科学技术

依靠科技力量,大力发展环保产业。环境问题的解决最终需要依靠科学技术。长三角地区科技创新实力雄厚,应充分发挥各区域的科研优势和特色,结合各自优势领域分工合作。应着力在饮用水安全、大气污染输送规律研究、机动车尾气排放标准及尾气净化等关系人们生活质量的方面取得突破。还应努力在农村生态环境保护、污泥无害化、垃圾堆肥、垃圾焚烧、土壤修复、废气脱硝、循环经济与清洁生产、风险预警与应急、有机毒物监测与防治等方面开展。在有条件的地区可以开展对氮氧化物、有机污染物等复合污染问题以及雾霾天气的攻关研究等。

长三角生态环境协同发展运行机制是治理与善治思想在区域公共管理层面的引入和运用。区域治理应该是通过建立合作的联合治理模式,设置科学的管理平台,运用和动员社会及非政府组织的力量,在充分尊重并鼓励公众参与的基础上进行的一种区域宏观解决方案构建和微观问题集中应对的集体协商过程。长三角的经济和区域一体化以及生态环境要素的流动性不可避免地要求三省一市在长三角生态环境协同发展治理上紧密配合、相互协助。要使长三角生态环境协同发展走向"长效化"和"强效化",必须在问题的提出、解决、效果评估上设置合理的管理机制。

第二节　安徽生态环境与产业转移

随着东部发达地区产业的进一步升级,相对滞后产业的转移成为必然趋势,这为中部地区的发展带来新的希望,成为自中共中央提出"中部崛起"战略后的一剂强心针。在此背景下,中部各省也在争相努力,力图在承接产业转移中分得一杯羹。安徽省地处华东腹地,东临经济发达的长江三角洲,相对江苏、浙江等地,经济发展较为滞后。而中共中央"中部崛起"战略的提出为安徽省经济的发展带来了一个新的契机。相比其他地区,皖江城市带的区位优势明显,其承接的辐射范围巨大,就自身发展现状而言,安徽省产业基础较好、要素成本低、综合配套能力较强,多年来积极融入泛长三角的经济决策,也为承接产业转移积累了宝贵的经验。除此之外,安徽省与东部发达地区相比,经济发展的高梯度差异也成为吸引产业转移的关键因素。

然而,面对已经到来的产业转移,安徽本地的生态环境是迎来"绿色经济"带来的又一次建设,还是生态平衡的打破?因此,安徽面对产业转移,要采取产业与生态协调发展的道路。主要有以下四点策略:

1. 规范环境评价体系,提高产业转移门槛

虽然安徽省近年来一直提倡要高起点承接产业转移,在承接的过程中促使整体产业优化升级,但在承接过程中也不可避免地会遇到高污染与高能耗的产业。建立起一套涵盖碳排放、碳生产力水平、污染治理能力等一系列较为完善的环境指标评价体系,对企业实行评分制,采用绿色GDP为衡量标准,将能源消耗、环境污染指标与经济发展指标相结合,不仅关注经济增长的速度,同时也应关注经济增长的质量。

2. 统筹规划,实现区际协调联动发展

安徽省地域广阔,地区间的差异巨大,资源分布不均、产业发展不平衡的问题也日益严重。合肥、芜湖、马鞍山等地的生产总值一直位居首位,在承接产业转移过程中,这些地方成为了承接的重点地区,成为安徽省经济发展重要的增长极,但皖北、皖南等地区因地理,位置等原因一直得不到较快发展。以皖南黄山市为例,在全省中其森林覆盖率高达78.62%,但在全省生产总值的排名中却长期落后,虽然政府一直倡导打旅游牌,但受资源承载量显示的影响,仅依赖观光旅游绝非长久之计。[①] 政府在充分发挥黄山市独特旅游资源优势的同时,也应着力延伸旅游产业链,增加旅游业附加值,树立旅游品牌。就皖北地区而言,人口较为密集,是安徽省劳动力向外输出的主要地区,在承接产业转移过程中,除皖江城市示范区外,也可适当考虑皖北城市现状,将部分劳动密集型产业转移至此地,增加地方就业。区际的联动发展是安徽省经济发展道路上不可忽视的问题。在"一轴双核两翼"的带动下应注重全面发展的路径。

3. 着力发展循环经济,坚持生态立省

在经济发展的今天,社会各界已经对发展绿色经济与循环经济达成共识。大力发展循环经济,提高资源的重复利用率是解决资源短缺的重要途径。发展高效

---

① 罗芳,林倩茹.安徽省产业转移与生态环境协调发展的研究及对策[J].经济视野,2013(9).

生态农业、低碳工业,构建以低碳排放为特征的工业、建筑和交通体系,推行低碳生活方式,形成绿色的生产生活模式。

4. 加强自主创新,走科技兴省之路

科学技术是第一生产力。在西方经济发展的轨迹中,不难看出,随着经济的发展,环境的破坏呈现的是一个倒"U"形,而这一拐点便是受到了科技的影响。随着科技的进步,资源的利益率会大幅提高,对废弃物的处理也日渐科学,因而对环境的破坏也逐步得到缓解。在安徽省承接产业转移的过程中,环境的破坏随GDP的生产呈现上升趋势,也证明了科技的发展还有待提升。

第三节 安徽生态建设的历史沿革与生态现状

历史上安徽是一个森林密布、山清水秀的地方,经历了战火兵燹、毁林开垦、森林火灾等破坏后,森林资源由北向南,由平原、丘陵到山区逐渐减少。中华人民共和国成立之初,全省林业用地仅为土地总面积的28.6%,有林地面积仅168万km^2,森林覆盖率为12.51%。当时淮北平原地区只有733 km^2林木,森林覆盖率为0.1%;江淮丘陵和沿江丘陵区除零星分布一些次生林外,到处都是荒芜丘岗;皖南山区和皖西大别山区是安徽重点林区,有林地较多,然而采伐迹地和荒山面积也多。由于森林植被遭到乱砍滥伐,水土流失现象日趋严重,干旱和洪涝灾害频繁,人民的生产和生活遭受严重的影响。

党的十一届三中全会以来,省委、省政府制定了一系列林业扶持政策,坚持走有安徽特色的林业发展道路。经过几十年的艰苦奋斗,绿化了安徽境内所有宜林荒山、丘陵、平原、城市和村庄,实现了安徽人长久以来绿水青山的愿望。

1989年3月,在全省山区工作会议上,安徽省提出了"五年消灭荒山,八年绿化安徽"的奋斗目标,简称"五八"绿化规划目标。

"五八"造林绿化的实施,使安徽省造林绿化的工作步入崭新的轨道,迈进发展最好的时期,并取得了瞩目的成就。① 各项造林绿化任务全面超额完成。据统计,在实施"五八"造林绿化的八年(1990—1997年)中,全省共完成造林绿化166.09万m^2,超出总任务(138.94万m^2)19.54个百分点。于1994年底通过国家的核查验收,安徽成为按林业部颁布的标准验收合格的全国消灭荒山第一省。并于1997年年底,实现了全面绿化的目标,如林业用地城区绿化率达96%,省辖市城区绿化率达30.7%,县(市、区)城区、镇区绿化率分别达到26.4%和18%,村庄绿化率达49.9%,道路沿线和江河渠道堤岸的绿化率均在90%以上,农田防护网建网率达85%。② 森林资源增长显著。截至1997年年底,全省有林地面积由1989年的239.86万 m²增加至330.98万 m²,森林蓄积量也由9 000万 m²增加至1.044亿 m²,森林覆盖率由20.1%上升至28.9%,年均增长1.1%,是同期全国森林覆盖率增长幅度的5倍。③ 造林质量得到不断提高。全省造林质量和效益稳步提高,人工造林核实率和保存率均在90%以上,比实施规划前提高10%~20%。同时,中幼林抚育稳步开展,共完成中幼林抚育87.30万 m²。④ 提高了生态环境建设质量。八年的绿化造林使得安徽的生态环境有了较大改善。地处黄河故道的萧县,在过去的沙地上形成绵延百里的果园,成为安徽水果的重要产地。皖南山区通过植树造林,改善了环境,使得黄山、九华山、牯牛降等旅游热线地区具有高水准生态环境。⑤ 林业结构得到调整。"五八"造林绿化规划的实施使得单一的林业结构逐渐形成营林、木材生产、林产工业、多种经营四根支柱并重的结构体系。林种结构的合理调整,使得经济林比重逐步上升。"五八"造林绿化期间,共完成经济林造林32.61万 m²,为人工造林面积的39.8%,比实施造林前提升20%以上。

响应"再造一个山川秀美的西北地区"号召,1998年8月修订的《中华人民共和国土地管理法》第三十九条明确规定:"禁止毁坏森林、草原开垦耕地,禁止围湖造田和侵占江河滩地。根据土地利用总体规划,对破坏生态环境开垦、围垦的土地,有计划有步骤地退耕还林、还牧、还湖。"是年10月,基于对长江和松花江特大洪涝灾害发生的反思和我国生态环境建设的迫切需要,中共中央、国务院制定出台了《关于灾后重建、整治江湖、兴修水利的若干意见》,把"封山植树、退耕还林"置于灾后重建"三十二字"综合措施的首位,并指出"积极推行封山育林,对过度开垦的土地,有步骤地退耕还林,加快林草植被的恢复建设,是改善生态环境、防治江河水患的重大措施"。1999年,我国粮食生产总量继1996年、1998年之后第三次突破5 000亿 kg大关,全国粮食库存达2 750亿 kg,加上农民手里存粮2 000亿 kg,全国总存粮量近5 000亿 kg,相当于我国一年的粮食生产总量,粮食出现供大于求的状况。随着改革开放的不断深入,我国综合国力显著增强,财政收入也大幅增长,这些都为大规模开展退耕还林奠定了坚实的经济和物质基础。并在四川、陕西、甘肃三省率先开展退耕还林试点工作,也拉开了我国退耕还林工作的大幕。

自2002年起,安徽省被列为全国退耕还林工程建设的省份。根据国家发改委、国务院西部开发办公室、财政部、国家林业局、国家粮食局统一安排,安徽省2002—2007年退耕还林工程建设任务810万亩[①],其中退耕地造林330万亩,荒山荒地造林420万亩,封山育林60万亩。全省共17个市84个县(市、区)参与退耕还林工程建设的实施,主要实施年份为2002—2005年,配套的荒山造林实施年份为2002—2009年,其主要建设时期均在2002—2003年;其中2002年全省的退耕还林和荒山造林面积相当,2003年退耕还林面积较2002年减少一半,是当年荒山造林面积的60%。截至2009年,共完成建设任务903.36万亩,其中,退耕地造林330.86万亩,宜林荒山荒地造林472.5万亩。2018年,安徽响应国家政策,出台《安徽省退耕还林补贴标准及相关政策措施》,近年依旧按2018年标准执行。

安徽省在退耕还林地中营造的生态林面积为305.6万亩,经济林面积为25.26万亩。根据《退耕还林工程生态林与经济林认定标准》,生态林是指在退耕还林工程中,营造以减少水土流失和风沙危害等生态效益为主要目的的林木,主要包括水土保持林、水源涵养林、防风固沙林以及竹林等。经济林是指在退耕还林工程中,营造以生产果品、食用油料、饮料、调料、工业原料和药材等为主要目的的林木。根据立地条件确立适合安徽省的造林树种范围主要有16类,包括杨树、泡桐、板栗、毛竹、山核桃、软阔、硬阔、松、杉、国外松、元杂竹、柏类、干果类、茶桑、水果类和其他经济林树种。

实施退耕还林工程,大大加快了安徽省造林绿化进程,林地面积不断扩大,森林覆盖率有较大提高;原来坡度大、路程远、水土流失严重的低产坡耕地通过植树造林,大大减轻了因盲目开荒耕种造成的水土流失。

退耕还林实行钱粮直补农户、检查验收到农户、林权落实到农户等政策,极大调动了广大农民造林护林的积极性,同时在实施过程中通过社会宣传、相互影响,进一步增强了全民生态意识,有力促进了生态文明建设,避免了"经济发展,生态破坏"的老路,并将继续产生长久的影响。

根据国家规定,在退耕还林规划范围的第一个补助期内,完成1亩退耕地造林,造生态林可得到国家补助1 890元,经济林可得到国家补助1 200元;完成1亩宜林荒山荒地造林也可得到50元种苗费补助。安徽省及时将退耕还林政策兑现到位,钱粮补助不拖欠、不打白条。根据兑现结果,目前平均每个农户得到国家直接投资1 100元左右。

---

① 法定计量单位为公顷。1亩≈0.067公顷。

退耕还林工程使安徽省的耕地有所减少,但土地利用效率得到了大幅度提高,同时使节省下来的生产要素(如灌溉用水、化肥、劳动力等)向未退耕耕地转移,带来粮食单产的增长。除2003年因自然灾害粮食总产量下降外,其余年份均比退耕前产量增加。并且由于耕地的减少,一部分劳动力从传统种植业转移出来,有的走上了发展种苗产业道路,涌现出育苗专业户、专业村、专业乡;有的进行林下养殖,走上了农村产业的创新道路;有的则把精力集中到经济作物、中药材等的种植上,并将其发展成为增收的主导产业。

安徽省在实施退耕还林工程中坚持以农村发展、农民增收为立足点,实行"区域化布局、工程化管理、产业化带动"。在规划设计时,按区域实行一乡一品,或多乡一品,选择合适的造林树种,以形成基地,形成气候。在加强基地建设的同时,积极扶持和培植后续产业,通过挖掘传统企业潜力、兴办新兴产业,开发名、特、优产品,提升市场竞争力和经济效益,逐步形成林产品加工产业体系,实现资源的增值增效。目前全省形成了淮北以杨树为原料的加工企业1 600多家,江淮丘陵和山区以松类为原料的中密度纤维板生产企业群,从业人员10万余人。

同时,安徽参与建设"安徽千万亩森林增长工程"与"森林质量提升工程",保证了省内林业的可持续发展,其将成为承接长三角地区产业转移的助力。

第四节　安徽的生态建设创新

一、安徽生态建设创新的必要性

从地理环境来看,从皖北的平原区过渡为江淮丘陵区直至皖南、皖西的山区,安徽省5大区域的自然环境条件差异明显。平原区主要以农业生产为主,种植方式及生产管理的粗放,造成大面积农耕田地生产力的下降。丘陵区是农、林业的过渡地带,受自然和人为因素的影响,该区水土流失十分严重,造林较为困难,应营造大面积的速生阔叶防护林。山区土地肥沃,雨量充沛,气候温和,植物生长快,是安徽省木材生产基地,但由于山高坡陡,雨量大而集中,造成严重的水土流失。

从科技创新环境来看,林业科学技术是促进林业现代化发展的最强劲的驱动力和生产力,它渗透到林业生产的各个领域。在退耕还林工程建设中,技术推广、生物基因、数字化信息技术等在林业工程、种植、育苗、新材料等方面均起着推动林业产业结构调整和优化的强大作用,带动区域林业成果转化、新品种引进、新技术和新的生产方式的推广,为林业生态工程建设、林业生产基地建设、生态林建设、经济林建设,以及农林复合经营系统的建设提供服务。安徽省平原、丘陵和山区等地发挥区域比较优势,依托林业科技服务体系,因地制宜地发展名特优新经济林、中药材、林木种苗、花卉、森林食品等,建立生态经济复合型园林和生产基地。在平原区,结合杨树优质丰产经营技术,在退耕还林建设过程中注重杨树优良品种选择、丰产栽培、复合经营、修枝、间伐、病虫害防治等配套技术的应用,可提高杨树森林质量与经济效益。地处山区的广德县为提高竹林经营水平,全县实施"五大资源培育基地——毛竹笋用林基地、毛竹笋材两用林基地、毛竹材用林基地、红壳竹笋材两用林基地、紫竹基地"和"毛竹现代科技示范园区"项目建设,对基地(园区)实行分类经营、定向培育,实施垦覆、配方施肥、林分结构动态调整等一系列技术措施,组织林业技术人员进行科技攻关,制定了《安徽省毛竹笋材两用林系列标准》,并由安徽省发布,作为地方标准。同时开展以提高竹林经营水平和丰产增效为主要内容的科技竞赛活动,使竹林培育实现了由"重造轻管"向"管造并重"的转变,"把山当田耕,把竹当菜栽"的经营理念已被全县林农普遍接受。[①] 为促进林下经济的发展,霍山县依托高校和科研院所的交流合作,开展石斛栽培技术的示范推广。根据大山村大力推广在板栗林、低效用材林套栽毛竹的科学做法,全力推行林业复合经营,引导林农利用林下隙地和资源优势。

---

① 彭镇华,黄成林.安徽生态建设驱动科技支撑的理论及实践[M].北京:中国林业出版社,2014.

二、安徽生态建设创新的实施手段

(一) 响应政策,加强领导

根据国家关于实施退耕还林工程的总体要求,安徽省及时成立了以各级有关单位负责人为成员的安徽省退耕还林工程建设领导小组,各工程市、县(市、区)也成立了相应的领导小组,为退耕还林工作顺利开展提供了组织保证。省政府明确提出了退耕还林工程实行"目标、任务、资金、粮食、责任"五到市和五到县制度,并与长三角地区其他省市签订了目标责任书,全面推行党政领导和林业技术人员的双层承包责任制,包任务、包质量,确保退耕还林工程建设的顺利进行。

(二) 脚踏实地,科学规划

安徽省区可划为淮北平原、江淮丘陵、沿江丘陵、皖南和皖西大别山山区5大区域。国家退耕还林任务下达后,在区域布局上,安徽省把皖南、皖西两大山区水土流失严重和江淮分水岭生态脆弱地区作为退耕还林的重点,层层分解,细化退耕还林任务,及时组织工程县(市、区)制定退耕还林工程实施方案,开展年度作业设计,将任务落实到乡村和山头地块,落实到造林户。再通过退耕户的申请,签订退耕还林合同书,把任务落到实处。同时,全省各地还积极探索承包机制,制定优惠政策,鼓励大户和企事业单位承包造林,依法保护退耕农户和各类投资者的合法权益。如巢湖市含山县林草结合模式和松阔混交模式,霍山县丘陵区园竹阔叶树混交模式,休宁县杉阔混交、毛竹栽植、阔叶树混交、茶(桑)混交4种退耕还林造林典型技术模式。

(三) 严把质量,培训先行

为搞好退耕还林工程建设,省林业厅组织有关人员赴湖南、湖北、江西等地学习外地先进经验,并先后两次举办了全省市、县林业局长和技术负责人参加的重点工程培训班,对退耕还林等重点工程的政策、标准和有关技术规定等知识进行培训。各工程县(市、区)也都根据本地实际,开展了多层次、多形式的培训,普及退耕还林的政策和技术知识。

在植树造林期间,省林业厅及时公布了造林质量监督电话、政策、科技咨询电话和苗木调剂服务电话。各级林业部门广大技术干部深入基层,深入山头地块,跟班作业、抓进度、抓督查,严把林业整地、苗木、栽植等关键环节,确保退耕还林工程建设质量。

(四) 营造氛围,做好宣传

为了使退耕还林工程建设政策做到家喻户晓,调动广大群众植树造林的积极性,各地充分利用广播、电视、报刊等新闻媒体,以及办退耕还林简报、设宣传橱窗、致退耕农户的一封信、开动退耕还林宣传车、印发宣传册等多种形式和手段进行广泛宣传。黄山、芜湖、宿州等市在电视、广播电台、报纸、公共信息平台上开辟政策法规宣传和科技兴林讲座,定期通报各县退耕还林工作进度,多渠道、多角度、全方位开展退耕还林宣传工作,营造良好的造林绿化氛围。

三、安徽生态建设创新的支持

安徽省是一个农业大省、轻工大省、旅游大省。生态环境、自然资源具有一定优势,然而人口多,经济总量小,人均GDP低于全国平均水平等制约因素也导致要实现全面小康目标,生态环境和资源都将承受沉重的压力,一般的发展思路是很难摆脱经济、社会和环境协调发展这些制约因素的,而通过生态建设,采取政治、经济、技术、法律等多种手段来规范和限制人们的行为,控制对自然的继续掠夺和破坏,不仅能够有效控制环境污染和生态破坏,降低环境成本,缓解和降低环境压力,而且还有利于充分发挥安徽省的比较优势、区位优势,促进经济结构的优化,建立人与自然和谐共处的生态文明观,引导人们的思维方式、价值观念和价值取向。构建完善的生态建设体系是现代社会发展的根本要求,能够为产业体系和生态文化体系建设提供坚实的物质基础。要发挥好生态建设工程的作用,应该从行政、法制、经济、技术等方面提出相应的保障措施。

（一）规划支持

生态建设是一项长期、复杂的系统工程，目前实施的生态建设内容包括天然林保护工程、退耕还林还草、退田还湖、小流域治理、长江淮河防护林、水源涵养林、生态示范区和特殊生态功能区建设等，分别由计划、水利、林业、环保、农业等多个部门负责，不易形成合力，有必要在生态省建设的总体框架内进行统筹规划、合理布局。另外，由于生态建设主要由国家财政投资，在制定规划时，不能为了争取到资金而片面强调项目的规模，应注重项目规划的科学性与可行性。

（二）政策支持

很多生态建设重点地区也是贫困地区，由于生态建设可能使地方经济发展受阻和农民生活水平下降（如退耕还林、退田还湖等），所以，与之配套的财政补贴政策和产业结构调整等相关优惠政策要跟上，不能让当地政府和农民失去生态建设的积极性与主动性。同时，还要将生态建设与当地的扶贫工作结合起来。

1. 对生态体系建设的综合协调

安徽省生态建设呈现出综合性和区域性的特点，而生态体系建设更是一项跨市县（林业局）、跨部门、跨行业的开拓性、综合性系统工程，这些特点决定了安徽省生态体系建设必须切实沟通和协调，特别是建立高层次的沟通和协调机制，环境、旅游、建设、水利、工业、农业、教育等有关部门，要依据建设规划制定本级和本部门的具体实施计划，各司其职，精心组织实施。

2. 建立生态体系建设综合决策机制

统筹兼顾是科学发展观的根本方法。无论是在制定国民经济和社会发展中长期规划、产业政策、产业结构调整时，还是在考虑生产力布局规划、区域开发计划时，都要统筹兼顾生态环境的承载能力和建设要求，进行必要的生态环境影响评估。各个部门在制定和实施经济、社会、生态环境政策时，要相互协调配合，提倡在考虑全面信息基础上的综合决策。切实做到生态环境保护和生态体系建设贯穿于社会经济发展的全过程。

3. 实行生态环境保护否决制度

对有较大环境影响、不符合生态体系建设规划的项目予以否决；在企业评优、资格认证等活动中,对未严格执行生态战略、出现严重破坏生态环境事故的企业予以否决;在区域内的评优创建活动中,对那些不重视环境保护和生态建设、出现严重破坏生态环境事故的单位和主要领导予以否决。按照资源管理与行业管理分离的原则,建立资源环境统一监管、有关部门分工负责、齐抓共管的管理体系和运行机制。

(三) 经济支持

生态环境建设面对的是生态脆弱地区千家万户的农民及经济不发达的地方政府,仅有政府公共投资与财政补贴政策是不够的,迫切需要建立并完善一套完整并能延续的资金筹措体系,确保生态建设的顺利进行。目前,国务院在建立林价制度和森林生态效益补偿制度,在森林资源有偿使用方面已有所规定,可按照森林生态效益的高低对经营者实行补偿。同时,政府鼓励民间及个人资金的投入,对于农村能源结构的改造和立体生态农业的发展,也可利用国家和民间资金的投入。另外,生态补偿机制建立完善以后的资金来源可以通过生态补偿费、生态补偿税、生态补偿保证金、各级财政生态专项补偿、优惠信贷以及排污权交易、建立生态补偿捐助、发行生态补偿彩票等方式解决。

1. 以生态环境为导向的经济政策

运用产业政策引导社会生产力要素向有利于生态体系建设的方向流动。定期公布鼓励发展的生态产业、环境保护和生态建设优先项目目录,对优先发展项目在现有优惠政策的基础上提供更加优惠的政策。运用消费政策引导社会消费倾向。通过经济办法减少环境污染类商品的消费数量。

2. 面向多方的资金募集

各级财政要切实增加生态环境保护与建设的投入。财政每年对生态环境保护与建设的投入占财政总支出的比例,以及全社会生态环境保护与建设的投入占国内生产总值的比例要达到全国先进水平,有条件的地区优先安排生态林业项目建设。各级财政应运用贴息等方式,带动林区职工向生态林业投资。创造条件设立生态建设专项资金,资金来源包括政府财政拨款、社会捐助、发行生态环境保护与建设彩票等。基金专款用于生态环境的公共性项目建设,紧紧抓住生态环境保护的国际合作热点的有利时机,扩大宣传,开展形式多样的交流、合作,开拓国际援助渠道。

3. 健全自然资源与环境补偿机制

按照资源有偿使用的原则,对主要自然资源征收资源开发补偿税费,完善资源的开发利用、节约和保护机制。按照污染者付费原则,逐步实行按排污总量进行收费的政策。所征收的资源和环境保护税费,实行集中管理,重点用于生态环境建设。

4. 制定有利于生态体系建设的经济核算体系

为克服现有国民经济核算指标体系不能较好反映经济活动对资源消耗和生态环境影响的不足,要研究并试行把自然资源和生态环境成本纳入林区国民经济核算体系,使有关统计指标能够充分体现生态环境和自然资源的价值,较准确地反映经济发展中的资源和环境代价,引导人们从单纯追求经济增长逐步转到注重经济、社会、生态环境、资源协调发展上来。

(四) 技术支持

结合推广现有的科技成果,开展科技示范宣传。围绕资源保护和生态建设急需的科学和技术问题,特别是对水源涵养林与水土保持林的经营管理技术、小流域综合治理的模式、生态系统的环境保护功能、以流域为单元的生态经济评价和区域可持续发展等方面的研究,建立全省范围的土地利用及基础地理信息动态遥感体系,建立相应的数据库和监测系统,有利于开展大尺度的景观生态模拟研究。同时加强生态脆弱区的准确预测、预报和预警。

1. 引进和推广先进适用科技成果

在清洁生产、生态环境保护、资源综合利用与废弃物资源化、生态产业等方面,积极开发、引进和推广应用各类新技术、新工艺、新产品。建立生态环境科技项目交流市场,有效利用国内外先进技术成果。科技含量较高的生态产业项目和有利于改善生态环境的适用技术应享受有关优惠政策。

2. 建立生态环境信息网络

加强生态环境资料数据的收集和分析,及时跟踪环境变化趋势,提出对策措施。通过信息网络向国内外发布生态体系建设的有关信息,提高国际知名度。

3. 开展生态系统管理工作

生态系统管理,特别是森林生态系统管理是一个自组织与它组织、自适应与它适应相结合的过程,是一个复杂的适应性系统。一些发达国家很早就开展了生态系统管理,并形成了生态系统管理的基本框架,强调重视社会科学在生态系统管理中的作用,森林生态系统管理不仅考虑技术和经济上的可行性,而且要能够促进处理森林管理中的社会价值、公众参与以及组织和制度设计等社会和政治上的可接受性。借鉴已有的生态系统管理的经验,以便维持生态系统的整体性、多样性和可持续性,维持生态系统的健康和生产力,保持生态系统的良性功能。

4. 完善专业人才建设机制

从健全激励机制入手,吸引域外生态环境保护和生态产业领域的专业人才参与到安徽生态建设的行列中,积极与省内生态科研院所与国内高等院校和科研院所建立合作关系,建立生态环境领域的专家库,组建生态体系建设的专家咨询队伍。加强本地技术骨干队伍的培养,逐步建立一支懂技术、懂管理的人才队伍。

四、安徽生态建设的激励机制

受到不合理的利用以及自然因素等的影响,安徽省自然资源退化、生态破坏严重,为了保护区域生态环境,维护区域乃至国家生态安全,政府提出了生态建设、生态恢复等构想。而退耕还林(草)、荒山绿化、封山育林等,不失为针对性较强的生态建设和保护策略与措施,这些措施对于改善区域生态环境都具有重要意义。但这些措施在对生态环境的改善过程中却面临挑战。

由于禁止砍伐天然林,实行退耕还林、封山育林,森工企业纷纷转产或破产。地方财政收入减少、农民收入下降、农户生产生活困难,以森工企业为支柱的林区的产业发展和城镇化进程受到严重影响。安徽省沿江、沿淮上游陡坡耕地退耕还林和天然林禁伐具有长远的生态意义,对促进该地区农村经济结构和农业结构调整也有积极作用,但同时给这些地区带来新的挑战,天然林禁伐区财政收入减少,GDP增长速度减慢,居民收入降低,以木材运输为主体的第三产业萎缩,劳动就业压力加大;退耕还林区粮食产量减少,农民生活受影响。当前,在两大工程实施过程中,出现重视经济林、轻视生态林、林种和种植结构雷同、林区欠账无法偿还、地方资金不配套、退耕后农业不知如何发展等问题。这使得上述以可持续发展为目的的生态建设与保护措施究竟能否对生态环境的改善发挥持久的效力,成为一个变数。因此,生态建设最终取决于采取计划手段抑或运用市场机制,取决于采取排斥性政策还是参与式政策,取决于能否变单纯的政府行为为政府支持和引导下的民间行为。

安徽省生态建设的目标包括:① 遏制生态资源退化的趋势,提高资源利用效率,维护国家安全,促进经济社会全面协调可持续发展;② 加快经济发展,提高居民收入,促进区域发展,维护社会稳定;③ 改善地区生态环境,有效建设生态文明。

要促进生态建设的长效发展,从权限范围和经济实力来看,中央政府和地方政府在生态建设过程中均扮演着激励主体的角色,生态保护者、生态建设者、社会人群个体、甚至社会组织均会成为生态建设的激励对象。因此,需要建立有针对性的激励措施,激发其积极性和主动性,使生态环境得到更有效的保护。

第六章 安徽参与长三角区域旅游合作的策略研究

第一节 长三角区域旅游合作

一、长三角区域旅游合作发展

长三角区域是国内最早提出旅游区域合作构想的地区,在资源、文化、市场、设施和信息等方面具有良好的禀赋条件和巨大的合作空间。经历近30年的磨合,沪苏浙三地旅游界冲破种种行政和地域的藩篱,共同发展,共同繁荣,长三角区域旅游合作从最初的自发联合逐步上升到国家区域发展战略的重要组成部分。依据长三角地区旅游合作的一些标志性事件、合作主要主题与领域、合作效果等方面,可以将长三角区域旅游合作演化历程大致划分为合作探索起步时期、合作推进发展时期、合作稳步提升时期以及合作加速深化时期四个阶段(表6.1)。

表6.1 长三角区域旅游合作发展历程

时期	合作探索起步时期	合作推进发展时期	合作稳步提升时期	合作加速深化时期
标志事件	区域旅游协作会议召开	"江浙沪游"概念推出	"第一届长三角区域旅游城市高峰论坛"举办	《旅游景区(点)道路交通指引标准设置规范》颁布
合作主体	国家旅游局、地方旅游主管部门	非旅游部门主导、旅游部门与旅游企业参与	旅游部门主导、旅游企业积极参与	旅游部门、其他政府部门、企业等社会力量全力合作
合作范围	行业内个别领域	行业内个别领域	行业内综合性合作	行业内外广泛结合
合作主题	单一性、浅层次	单一性、深层次	多样性、深层次	制度性、标准化
合作途径	非常单一	比较单一	较为广泛	多元化
合作程度	非紧密型	非紧密型	紧密型	常态性
合作进度	缓慢	缓慢	一般	迅速
合作效果	较为一般	较为一般	比较理想	成效凸显

(一) 长三角区域旅游合作基本态势

近年来,沪苏浙三地旅游产业规模不断扩大,入境旅游市场和国内旅游市场都呈现出欣欣向荣的景象,旅游业的社会民生功能开始凸显。三地旅游管理部门经过近30年的密切配合与互动,在积极发挥政府主导作用的同时,努力为企业创造优良的合作环境,不断拓展区域旅游合作的新领域,从起初的信息交流、旅游线路简单组合、旅游产品共同营销等基础性合作到现在的人才交流合作、旅游质监合作、旅游交通合作等公共服务层面合作,旅游合作取得了比较显著的成绩。当前,长三角区域旅游合作与发展从旅游生产要素合作逐步转向制度合作,呈现出多元化、宽领域、深层次的崭新局面。

（1）在合作理念层面，旅游成为长三角区域合作的切入点和突破口。长三角区域旅游合作不仅在全国旅游业发展中具有重要示范作用，还在长三角区域内部经济合作中起着"发动机"作用，成为其他经济领域合作的先导者。近年来，三地旅游部门之间不断加大合作力度，创新合作机制，在合作模式、合作领域、合作深度等方面都走在其他经济合作的前列。

旅游业之所以能够成为长三角区域合作的重要突破口，主要得益于旅游业本身的特点：

一是旅游业本身的区域性。旅游业的最大特点就是跨地域，区域性是旅游业发展的基本特点，这种区域性体现在旅游者的旅游活动以及旅游供给等方面。因此它无法囿于行政区划，必须按照旅游者消费需求进行规划。

二是旅游业富有弹性。旅游业对外界危机事件最为敏感，不管是2003年的"非典"疫情还是后来的全球金融危机事件，危机爆发后旅游业往往成为受创最大的产业，但与此同时，旅游业也成为恢复最快的产业，特别是针对爆发的金融危机事件，国内各地围绕旅游业开展了各种形式的旅游合作促销活动，旅游业成为国内拉动内需、促进消费最为明显、最有成效的产业。

三是旅游业较强的关联性。传统意义上，旅游业涉及食、住、行、游、购、娱六个方面，上下关联产业层面较多，因此某种程度上解决好旅游业的合作问题，其他产业层面的合作问题相应就比较容易解决。更进一步说，因为旅游业并不涉及政府部门太多的核心利益，因此也较为容易展开合作。旅游行业的特性注定了它成为最早打破行政和地域藩篱，打破坚冰、释放生产力的尖兵。

目前，长三角区域合作正处于快速发展的转型期，各个产业之间交往日益密切，交流步伐不断加快，尤其是在当前长三角区域推进产业结构优化升级，加快发展现代服务业的机遇背景下，旅游业应把握机遇迎头而上，不断加大与文化、金融、农业、工业、体育等行业的融合力度，发挥自身在转方式、调结构、促合作中对区域协调发展的带动作用，力促旅游业在长三角区域各项经济合作框架内发挥主力军和催化剂的作用。

（2）在合作主体层面，逐步形成多元利益相关者积极参与的合作态势。合作主体是区域旅游合作项目有效实施的执行者和监督者，随着合作主体在区域旅游合作中地位的演变会形成不同的合作模式，同时也会带来不同的合作效果。长三角区域旅游合作在探索起步时期，由于受传统计划经济体制影响较大，加之旅游产业规模和影响较小,旅游业处于比较弱势的地位,所以最初的旅游合作几乎全部是在政府部门的主导下进行的。另外一个比较明显的特征是,在这一阶段旅游合作一直被置于经济协调会议框架之内,旅游政府部门本身并没有形成紧密型、常态化的合作。旅游企业之间合作互动程度更是微弱,合作积极性非常低,企业与政府部门之间也没有形成良性的互动机制,因此合作几乎没有取得任何实质性的效果。

伴随着旅游产业规模的逐步发展与扩大,旅游业逐渐成为地方政府创造经济效益、改善社会环境、增加就业的重要渠道,旅游业日益受到地方政府的重视。地方政府开始重新审视与定位旅游业在国民经济中的发展地位,为争夺更多的客源市场,不断加大对旅游资源、旅游企业的投资力度,旅游市场竞争开始变得激烈。在这样的坏境下,政府积极加强与本地旅游企业的合作,提升目的地旅游竞争力,同时也努力通过与周边目的地开展合作来获取更广阔的客源市场。在这一阶段旅游部门逐步成为区域旅游合作的主导者,旅游企业在政府指导下通过与其他地区企业开展合作不断提高自身竞争力。

当前,旅游者消费需求越来越趋于个性化、多样化,散客市场规模不断扩大,加上"同城化"时代的到来,城市居民之间的交往日益密切,区域旅游合作为了获得更广阔的发展空间,开始积极吸纳社区居民、第三方组织以及媒体、金融、文化等非旅游部门和企业等,充分调动利益相关者的力量,不断为区域旅游合作注入新的活力,保证了合作的持续性。可以说,目前长三角区域旅游合作已经由最初的政府主导逐步转向政府推动、企业主体、社会广泛参与、合作利益主体多元化的良性互动发展模式。

(3)在合作领域层面,逐步形成产品—营销—标准等全方位的合作局面。在经济全球化和区域旅游合作不断深化的背景下,旅游合作单纯依靠旅游线路组合以及联合营销等来提升区域旅游竞争力的作用已经非常有限。为此,长三角区域合作应逐步从生产要素合作向体制机制深度合作发展,通过制定一系列具有协调性、公共性的区域旅游标准和政策,努力寻求制度层面上的重大突破,从而提升长三角区域旅游业生产力。近年来,长三角区域合作在制度创新层面取得了一定的成绩,主要表现在旅游人才教育培训对接、区域旅游投诉的诚信体系建设以及区域旅游交通服务等方面的对接与合作,为长三角区域旅游合作创造了良好的服务环境,有效地促进了区域旅游合作的进程。

但同时我们应该看到,长三角区域旅游合作在合作领域层面还有待进一步拓展与深化,制度建设有待进一步整合与创新。例如,长三角区域目前尚未出台区域性的旅游规划文本,旅游产业创新能力不足,旅游部门与其他部门的有效协调机制也尚未建立,这些限制了旅游合作的进一步深化,阻碍了建设世界一流水平旅游目的地的进程。为此,长三角区域旅游合作今后应着重从以要素为核心的基础性合作层面逐步转向以构建合理制度为核心的合作层面。

(4)在合作形态层面,逐步形成多层次、多元化、多形式合作网络体系。当前长三角区域旅游合作发展逐步形成了层次分明、形式多样、主体多元化的合作网络体系,主要体现在两个方面:一是合作机制方面,目前既有省级层面的"沪苏浙经济合作与发展座谈会"合作机制,也有城市层面的长三角区域城市经济协调会、旅游城市高峰论坛,还有企业层面的长三角区域旅行社峰会以及联盟等,2011年4月三地在上海举行首届长三角区域旅游合作发展省级协调会议。长三角区域已基本形成一个纵向联系、横向协调的立体式的合作网络体系。二是逐步形成互为目的地、互为客源地的发展态势。针对区域外客源市场,合作表现为城市之间通过联合营销开拓更广的客源市场,以吸引更多的区域外游客;区域内城市经济发展水平较高,各城市之间的社会经济联系非常紧密,加之每个城市都具有比较独特的旅游资源,因此城市之间已经基本上形成了互为目的地、互为客源地的发展格局。

(二)长三角区域旅游合作的手段

区域旅游合作需要有广泛的参与主体和良好的协作平台,长三角区域由于其自身的地域相近、文化同源、经济相融,具有很强的内在联系性,因而合作的意愿也最为强烈,所以在全国率先掀起了区域合作的浪潮。经过这些年的利益博弈和沟通磨合,长三角区域在合作领域、合作模式、合作管理等方面都有了很大发展,积累了许多宝贵的合作经验。这些经验对我国其他区域的旅游合作起到了积极的示范效应,需要持续推进和完善。

1. 建设政府间信息互通平台

区域旅游合作离不开政府的支持和主导,长三角区域旅游合作的基础平台是2004年开始的江浙沪党政一把手的定期会晤,2001年开始的每年一次的常务副省(市)长级别的江浙沪经济合作与发展座谈会以及1997年开始的长三角区域城市经济协调会。在这些会议上,旅游的区域合作作为优先发展的突破口,取得了与会各方的广泛认同,会议通过的章程、协议、宣言有效地指导并推进了区域旅游合作的进程。同时,由于旅游业的高度关联性,会议也提出了推进其他产业合作,如商贸、交通等,以更加有利于旅游方面的区域合作。

长三角区域从2003年7月的"长三角区域旅游城市'15+1'高峰论坛"开始,在发展区域旅游合作的过程中做了大胆尝试,形成了较为有效的区域旅游合作机制。通过峰会的召开,合作各方不断求同存异,取得共识。有效的合作协调机制有利于打破城市行政区对旅游资源整合的限制,对区域内各城市旅游发展方向进行正确定位,划定各城市的旅游功能区;有利于充分发挥区域资源优势,扬长避短,实现资源共享,优势互补,整体规划、营销,统一管理;有利于建设互补的旅游产品群,共创区域旅游品牌,使分散在各城市的旅游景区、景点通过整合扩大规模、提高档次,产生整体大于部分之和的总体效益。

此外,江浙沪旅游局主管市场、行业管理和教育部门等也分别对口建立了各自的联席会议制度。联席会议的召开有效地解决了在区域旅游合作中各对口部门工作的实际问题,比较务实高效。例如,行业管理处的联席会议每半年召开一次,就旅游市场秩序问题进行专题研究,共同采取相应的措施;教育处则联合编写出版了长三角区域旅游景点导读,修订了导游人员考试教材,增加了长三角区域内容,联合下发了《关于进一步推进长三角区域旅游教育培训合作工作的实施意见》,并达成了师资共享,通过相互间的教师交流和互派,提高了教育培训的质量和水平。

2. 探索建立合作标准

在长三角区域旅游合作过程中,各个地方政府对统一服务标准达成了共识,2006年8月,江浙沪旅游标准化工作会议在沪召开,达成推进区域旅游标准一体化建设一揽子框架协议,包括共同编制《江浙沪旅游标准化文件汇编》,该汇编包括三地旅游行业管理文件和各自已经发布的旅游地方标准,为长三角区域旅游产业和企业服务;建立长三角区域旅游标准化专家数据库,加快实现三地旅游标准化专家资源共享;编制江浙沪三地三年旅游标准化合作计划,确定三地共同关心的旅游共性标准制定和实施工作计划;建立三地旅游标准化协作会议制度和联合工作制度,三地旅游和质量技术监督部门就共同关心的旅游标准化工作事宜进行深入研讨交流,加强信息通报,共同组织专业人员加强对国内外旅游标准化工作的调研、学习,汲取先进经验和理念;以建设江浙沪无障碍旅游区为目标,三地重点在旅游信息、旅游交通、旅游安全、旅游从业人员等重要的旅游要素上,通过协商、研究、制定相互一致的旅游标准,由三地质量技术监督部门分别予以发布,并会同三地旅游主管部门共同推进标准实施。

2007年7月10日,由沪苏浙三地旅游、公安、交通、市政等部门共同制定的旅游地方标准《旅游景区(点)道路交通指引标志设置规范》在南京正式对外发布,这是由江浙沪分别立项、统一制定、共同发布、分别实施的同一标准,是我国第一个跨省区域间的共同标准,是在现有体制下的一个重大突破。在全国范围内,在区域经济合作方面具有很强的示范作用,同时也是政府转变职能为引导监督的表现。

2019年4月,浙皖闽赣四省文旅厅共同签署《关于加快推进浙皖闽赣国家生态旅游协作区建设合作协议》(以下简称《协议》),明确今后四省推进协作区建设的目标和任务。《协议》提出,以全域旅游理念将协作区作为一个大景区,不断完善公共服务设施,协同谋划机场、高速铁路、高速公路等重大基础设施项目,打通省与省、城市与景区、景区与景区之间的旅游交通环线。有了明确的合作标准的指引,长三角地区的旅游合作将开创新的纪元。

3. 区域内各地联合促销

长三角区域旅游合作的标志性事件是"江浙沪游"概念的提出,这也是长三角区域旅游联合营销的开山之作。这些年尤其是进入21世纪后,长三角区域的旅行社和政府一直积极致力于区域旅游联合营销。2003年1月,杭州市、苏州市签署《苏杭旅游合作框架协议》,共同打造"名城、名湖、名山""大都市、新天堂"等旅游精品线路。同年,江苏、浙江、上海举行了"江浙沪旅游年"活动;编撰了《江浙沪旅游手册》;推出了《江浙沪旅游交通图》;开展了系列联合促销,如江浙沪携手参加在昆明举办的中国国际旅游交易会、英国伦敦的旅游促销。此后,江苏、浙江、安徽、上海三省一市吸取了先进经验,多次进行跨国联合促销。

4. 建立"多中心"的空间模式

包括安徽在内的长三角区域三省一市范围广大,城市众多,上海作为长三角区域的核心城市,作用关键,辐射能力远超出长三角区域地域范围。上海在区域旅游中的地位与其整个城市定位以及国际交通枢纽地位是密切相关的。近年来,随着长三角区域城市群的进一步发展,二线城市也在积极打造都市旅游圈,以扩大自身的旅游容量和规模,获得更大的市场发展机会。其中以南京都市圈和杭州都市经济圈为代表的两个长三角区域旅游合作次区域的构建,表明了长三角区域旅游"多中心"空间模式的初步形成。

南京都市旅游圈是以南京为核心,包括了扬州、镇江和淮安,以及安徽滁州、巢湖、马鞍山、芜湖7个地级城市在内的长三角区域旅游合作次区域,其总体目标是跨越地区行政界线,打破行业保护壁垒,实现区域旅游协作发展;通过整合都市圈旅游资源,以南京为核心,都市圈各中心城市为节点,扬子江、古运河和主干交通线为轴线,重点面向国内外中、高端市场,推出主题鲜明的有特色的旅游线路,打造具有自主品牌的旅游系列产品;将南京都市圈建设成为国内一流的重要目的地和国际驰名的游览地。其基本空间布局是一核二带三片:"一核"是都市圈核心城市南京;"二带"是扬子江旅游带和运河旅游带;"三片"是镇扬宗教、文化观光休闲度假旅游片,巢滁淮山水、温泉休闲度假旅游片和芜马文化现代工业观光休闲度假旅游片。

浙江省为了落实构建杭州都市经济圈的战略,推进杭湖嘉绍旅游经济一体化进程,提出了涵盖杭州、湖州、嘉兴和绍兴四个地级市的旅游合作构架,提出"规划共绘,市场共拓,信息共享,品牌共树,人才共育和产业共兴",加大跨区域旅游产业、项目和设施的规划、建设和管理等方面的合作力度,扩大区域旅游合作品牌的推广,整合都市经济圈旅游资源,打造都市经济圈旅游产业区,为杭州都市经济圈的形成和发展打下坚实的基础。例如,在2008年中国国内旅游交易会上,共同提出了"江南绝色·吴越经典"的杭州都市经济圈区域旅游主题口号,并推出了"江南绝色山水游""吴越文化经典游""滨海休闲度假游""水乡古镇风情游"和"都市商务休闲游"等区域旅游线路产品,制作了《杭州都市经济圈旅游手册》,得到了较好的市场反响。

二、长三角区域旅游合作发展模式

长三角区域旅游合作的发展格局已基本形成,作为一种重要的经济发展战略与模式,我们需要对其合作发展模式的基本要素与形成过程进行分析,了解其本质特征与基本动向,把握区域旅游合作发展逻辑与演变脉络,从而进行理论与模式的构建。

(一)长三角区域旅游合作模式的基本要素

1. 政府、企业、社会组织的多极化主体

长三角区域旅游合作主体主要由政府,企业,以及民间组织、行业协会、研究机构、教育部门及其他社会组织等社会团体三个部分组成。根据经济一体化理论,区域合作包含两种性质:制度一体化合作与功能性一体化合作。功能一体化虽然代表了区域一体化的实质性内容，代表了各地区市场经济自发的内在要求，但是这种自发力量支配下的地区与地区之间的经济活动往往是不稳定的、脆弱的，需要通过制度将这种关系加以巩固和经常化。制度一体化是在功能一体化发展的基础上，彼此认识到需要有一定的规则加以规范和指导，从而达成某种协议和条约，是区域旅游合作持续健康发展的保障。所以，政府是长三角区域旅游合作的制度保障，是合作主体中最为重要的一环。

在长三角区域旅游合作主体中，政府间因为地方利益的存在，在合作内容、合作领域和合作形式上不断博弈，形成动态的平衡；企业间因为企业利益，在合作内容、合作领域和合作形式上，依托技术、资本、品牌并购，由竞争逐渐趋于合作；社会组织在市场机制的带动下，充分发挥协调机制的作用。长三角区域旅游合作中，已经在宏观（地区）层面初步形成了具有一定权威的组织保障体系；在中观（行业）层面建立了行政区的行业协会；在微观（企业）层面探索了不同地区间企业的制度整合。旅游业的区域合作在同类型的主体之间开展，形成层次分明的平行合作关系。

2. 经济、社会、生态利益的驱动

所谓"合作动力"，主要解决的是"为什么"合作的问题，即合作成员为什么要加入区域旅游合作组织，是什么力量促使长三角区域旅游合作组织的形成。区域旅游合作的动力是作用于区域旅游合作主体，使其采取合作行为的力量。这主要包括三方面的内容：一是处于表层的宏观动力，主要是指各级旅游政府部门出于加快发展本地旅游业的需要，寻求突破地区行政壁垒，获得更多旅游生产要素资源与市场发展空间的方法和途径；二是处于更为深层次的微观动力，即以旅游企业扩张和旅游者的需求为主线的合作动力，这是合作形成的微观基础；三是外部环境的推动力，包括一些重大危机事件、大型活动等。本书将区域旅游合作动力划分为根本动力、基础动力与辅助动力三个层面，并结合长三角区域旅游合作实际发展进行详细探讨。

行政学的视角认为，地方政府以追求利益最大化为目的必然会导致区域旅游不合作行为，主要表现为旅游经济活动"行政化"，区域旅游竞合"政府化"，旅游资源"区划化"，区域市场"割据化"，区域利益"地方化"。长三角区域旅游合作的本质就是利益最大化选择，以及由此带来的旅游资源要素的最优配置。其动力来源于规模经济效应。规模经济理论认为，当经营达到一定规模后，其经营的成本将大大降低。目前，驱动长三角区域旅游合作的动力主要包括经济利益、社会利益和环境利益。

对市场而言,经济效益最大化成为长三角区域旅游合作的主要驱动力。通过共享设施形成规模经济,减少资源浪费,降低单位成本;通过共享品牌形象、销售队伍与渠道,降低宣传成本与销售成本;通过共享旅游市场实现旅游客源交换,使经营成本内化。通过共享客源市场、联合推广营销、共同开拓新型旅游产业和新型旅游产品,巨大的旅游市场空间所产生的利益趋同性成为长三角区域旅游合作的重要发展动力。

对于政府和社会团体而言,长三角区域旅游合作的动力在于实现社会和环境的可持续发展。制度经济学认为,制度具有内在性、信息浓缩性、稳定性、共同认知性、多重性,是由于参与者的策略互动而内生的人为秩序,其关键在于实现长三角区域社会福利最大化。

3. 政府制度、市场利益和公益机制构成区域旅游合作的基本框架

公共管理中的网络治理理论认为,区域旅游合作是一个多目标、全过程的落地计划。长三角区域旅游合作近30年的理论与实践探索,实质为一个合作框架的探索与合作范畴的界定。

政府制度层面,其有效活动层面集中在社会管理和提供公共服务方面,主要落实于长三角区域省市政府间的组织协调机制,包括管理、政策、制度、法规、交通、设施、标准、信息等领域的充分交流与往来。

市场利益层面,其有效活动领域在旅游资源开发、旅游客源开拓、旅游产品供给方面,主要落实于充分利用长三角区域国有、民营等活跃的投资主体,引导旅游企业通过参股、持股、并购、兼并等方式,建立跨区域旅游集团,实现旅游资源、产品、理念、服务、教育、人才、技术、文化、资金的优势互补,增强竞争力。

公益机制层面,其有效活动领域在信息沟通、各方关系协调、行业行为规范方面,主要落实于充分发挥长三角区域旅游行业协会、俱乐部等社会团体公益功能,担负起行业服务、行业自律、行业协调等职能,形成联系政府与企业的强力纽带。

长三角区域旅游合作领域应该是全方位、多层次、多元化的。以旅游行业为核心,有效动员并整合全区域的各种资源和要素,共同朝着区域旅游一体化的方向迈进。具体而言,包括以下三个方面:

一是与旅游活动直接相关的行业领域的合作。例如,在长三角区域目前已经初步形成与旅行社、旅游公司、宾馆、旅馆、招待所、公共设施服务业、市内公共交通业、园林绿化业、环境卫生业、市政管理业等和旅游活动密切相关的行业领域的合作。

二是与旅游活动有较大相关的行业领域的合作。例如与长三角区域交通运输业、零售业、餐饮业、娱乐服务业等的合作。这类行业虽然不是主要针对旅游活动，但其与旅游活动相关的业务占较大比重，已成为旅游业区域联合的重要领域。

三是与旅游活动间接相关的行业领域的联合。例如，与长三角区域工业（工业旅游）、农业（观光休闲农业）、信息咨询服务业、旅游教育培训业等的合作，已逐渐成为旅游业合作的重要领域。

4. 行政、经济和信息手段是区域旅游合作的基本路径

长三角区域旅游合作形成的基本途径包括行政手段、经济手段、信息手段。根据系统论观点，长三角区域旅游是一个由相互联系的各个部分和要素构成的，具有一定机构和功能的有机整体。长三角区域旅游已经形成一个以旅游目的地系统作为目标来组织、配置旅游产业要素的区域旅游系统，涵盖了自然子系统、经济子系统、社会子系统、文化子系统、智力子系统，各行业、各部门的协调关键在于行政手段的运用。

长三角区域旅游合作是对区域旅游整体利益和价值的追求。各系统末端是从事经营活动的旅游企业。只有充分运用经济调节手段，才能充分调动旅游企业参与合作、对接合作的积极性。杭州旅游集散中心、南京客运旅游中心主动加入上海旅游集散中心的实时售票；浙江龙游、武义、缙云、仙居联合打造"江南仙境游"，正是经济手段运用的体现。系统是一个包含物质流、能量流、信息流的动态系统，具有强烈的信息反馈功能。旅游业发展要注重调查研究，收集业态信息，及时发现问题。长三角区域旅游合作平台的最初支点是信息手段的旅游一体化的有效实施。只有按旅游资源要素价值、旅游景观市场价值、相关参考指标这三大评判标准评判合格的景点，才能在主干公路、城市道路上设置指引标志。

（二）长三角区域旅游合作模式基本类型

区域旅游合作模式是区域旅游合作活动在长期发展过程中的基本形态与要素的综合体现。合作模式是一个内涵丰富的命题，从不同的角度可以总结出不同的模式体系。长三角区域旅游合作的前提可以理解为：长线市场区域联合以吸引更多的区域外长线游客，短线市场区域内互为目的地、互为客源地。江苏地区，如南京，目前主要的旅游合作集中在南京都市圈，即"宁镇扬"城市群的小范围合作，其他的合作多是以短期的、具体业务为基础的项目合作，旅游企业与旅游局的合作主要集中在参加旅游局组织的区域旅游合作推介会层面,区域旅游合作的关注点仍然停留在市场联合宣传推广的阶段。苏州的主要合作模式是紧靠大上海,与周边城市的竞争明显大于合作,旅游企业的合作处于自发状态,完全依赖市场。无锡同样采取紧靠大上海模式,其他合作以短期项目为主,然而值得关注的是无锡牵头成立的长三角区域旅行社联合体,这一由企业出于市场利益而建立的商业化运作的联合体已成为目前长三角区域旅游合作的一大亮点。常州也采取了紧靠大上海模式,旅游局和旅游协会的科研学术氛围比较浓厚。常州旅游局和旅游企业普遍认为:一个没有经过策划的合作不是一个好的合作。整体而言,常州旅游局和企业对于区域旅游合作的认识还是比较科学的,常州企业参与区域旅游合作的形式有三种:一是企业为了自身生存市场的合作;二是企业集团扩张的战略需求,这两者都属于狭义的合作模式;三是企业参加政府主导的旅游合作,但是这一合作模式和南京类似,仍然停留在比较浅的层面上,即参加旅游促销会或展览会。常州的企业参与区域合作的模式基本上能够概括所有长三角区域城市企业的参与模式。南通目前也采取紧靠大上海模式,当然,南通与周边的旅游合作也非常紧密。但是,和别的城市一样,南通存在着这样一个现象,就是政府层面主导的合作大多数都是从开始时候的轰轰烈烈到逐步淡化,更加务实的合作项目亟待出现。

从整体来看,嘉兴旅游局十分善于运用自身的资源,非常积极地寻求与外界的合作和建立联盟,除了与上海的合作外,嘉兴与杭州、绍兴、苏州、无锡等城市建立了若干不同地域范围内的合作。同时,嘉兴还关注与非旅游企业之间展开区域旅游合作。绍兴的旅游合作目前以与周边城市的合作为主,因为绍兴目前处在城市旅游的开发阶段,所以在很多旅游合作项目层面上,绍兴的表现是积极参与,但是牵头的项目不多。

宁波由于和上海的历史人文联系紧密,采取紧靠大上海战略,2002年宁波在上海建立了宁波驻上海旅游办事处。另外,宁波旅游管理部门非常关注散客服务,针对散客旅游牵头做了一些有实质性成果的区域合作项目,例如与上海旅游网和驴妈妈网合作建立的长三角区域自驾游基地,以及同城时代、同城营销、同城待遇的"三同项目",来宁波旅游的长三角区域市民在宁波的"市民旅游日"期间也能够享受旅游的相关优惠政策。宁波市政府牵头成立的政府与企业联盟即浙东南旅游联合体的运作机制、监督机制等都比较成功,同时借助日益改善的交通设施,联合体提出了"长三角区域动车旅游"口号。

依据主要合作主体作用、合作领域、合作途径和形式等方面,长三角区域旅游合作发展模式可以划分为政府主导型的旅游合作模式、政府推动型的旅游合作模式、企业主导型的旅游合作模式、行业引导型的旅游合作模式以及项目驱动型的旅游合作模式五种主要类型。

1. 政府主导型的旅游合作模式

（1）制度安排型模式。主要是指通过政府主持召开会议或论坛等形式会面来商讨合作的内容，为合作提供指导性意见的模式，这种模式一直在为长三角地区的旅游合作贡献力量。首先，政府之间要成立相互对话的窗口，在此基础上建立一套行而有效、权威公正的组织体系。在相互明确了议事内容后，政府间就会议召开的时间、地点、与会成员及会议主题进行协商，本着促进地区间旅游合作发展的目的进行会晤交流，试行规章、政策，从而自上而下地优化跨地区旅游产业的生态。

（2）专题纽带型模式。一般是指地区间以旅游合作中的某一具体内容、某一地区、某一政策或某项文化为主体，开展一系列的联席会议，签署相关合作宣言及合作协议的合作模式。此类合作模式的主体或有鲜明特征，或在市场中具备优势，通常处于较为容易开展工作的领域。长三角区域旅游合作中，专题纽带型模式占据了相当的地位，地区间以交通、旅游人才、区域标准、质量检测等内容为核心，开展了多项合作，这些合作内容通常涉及民生领域，适合各地政府深入挖掘与推广。

（3）规划引导型模式。是指地方政府响应中央的规划要求所开展的旅游合作，比如国内各大城市圈响应发展规划，以解决区域内问题，共同建设区域内各业生态，协调区域内关系为基础开展的旅游合作。此类合作模式通常是由上级发出号召，下级城市作出响应来实现的，因此缺乏一定的积极性。各地政府通常有其自己的规划，在参与规划的过程中，如若没有强有力的政策支持以及城市间的信息交流互通，很难就规划及合作内容达成共识。以生态保护为例，在生态保护合作的初期，由于缺乏强有力的政策支持，各地区政府又缺乏交流与责任意识，早期的生态治理合作成果有限，区域间"各自为政"的现象屡见不鲜，为整体规划的实施带来了阻碍。

（4）联合营销型模式。主要是指区域内各省市的旅游企业齐心协力，联合策划整体形象，进而进行推广营销的模式。该模式主要包括旅游宣传口号的整齐划一，旅游产品的聚集展出，旅游信息的互联互通，交通运输及指示图的规格统一。长三角区域的旅游合作示范区就是很好的例子，它融合了长三角区域内相似的民俗文化，统合了风格迥异的宣传模式，最大限度地发挥了长三角区域内各城市的地理优势、文化优势及经济优势,成为长三角区域内最有效的合作模式。

2. 政府推动型的旅游合作模式

(1)联合体模式。是指区域内邻近省市发起的,以资源互补、文化融合、市场统一、联合宣传为基础的合作模式。在此类合作模式中,政府处于引导地位,积极吸纳合作区域内各大旅游企业参与,谋求参与省市的互利共赢,从而带动整个区域内旅游产业的发展。

(2)互动模式。是以资源交易为核心的合作模式,由各地区交通运输条件、文化差异等因素造成的旅游资源分布程度不一,提高了交易成本,而互动模式以公共平台为媒介,依靠政府互动、企业互动、产品互推等形式做到了互利共赢,改变了合作区域内旅游资源分布不均的问题,实现了区域内旅游产业的整体发展。

(3)办事处模式。是指某些城市拥有巨大的客源优势,以推广旅游资源为目的,在客源地设立办事机构的模式。办事处模式通常与互动模式相互结合,以客源优势带动旅游资源的互通共享,能够解决合作区域内部分地区客源不足的问题,实现对旅游资源的充分利用及推广。

3. 企业主导型的旅游合作模式

(1)旅行社主导合作模式。是指某省市内的旅行社与区域内其他省地方的旅行社开展的业务合作。此类合作模式随着交通运输条件的优化、旅游信息互融平台的建立消弭殆尽,以旅行社所在地的旅游产业发展为第一优先级,存在着浓重的地方主义色彩,不利于区域内旅游产业的整体发展。

(2)景区主导合作模式。是指各地景区以其景观资源为基础,希望吸收更高质量的客源,从而开展的合作模式。通常以打造时尚的文化理念,开发优质的旅游产品为手段。长三角区域内的大部分旅游景点都参与进区域内的旅游合作中,它们逐渐消弭彼此间的差异点,体现出同质化的趋势,希望借此吸收更多数量、更高质量的客源参与到合作中。

(3)酒店主导合作模式。是以服务为中心,力图为客户打造优质的旅游体验而成立的合作模式。众多旅游景点为酒店带来了源源不断的客户,因此酒店业务的扩张也需要参与到区域内的旅游合作中。连锁型酒店更为积极地参与到合作中,它们需要客户量的上涨来带动酒店业务领域的扩张,形成良性的发展循环。而中大型酒店则以自身品牌为依托,通过与景区、政府、项目的合作参与到区域旅游合作中。

4. 行业引导型的旅游合作模式

行业引导型旅游的合作模式是指由某一地区的非营利性组织主导的旅游协作。当前，长三角地区存在着两种模式：一种是由旅游协会主导的旅游协作模式，一种是以旅游集散中心和会展中心为代表的公益项目主导型旅游协作模式。

（1）以协会为主导的旅游协作方式。行业协会主导的旅游协作模式在很大程度上取决于其成员的规模。成立旅游协会是为了加强会员之间的团结与协调，同时其也是政府与企业之间的桥梁和纽带。通过三种方式实现旅游行业协会主导的协作：一是组织研究；二是加强联谊和交流；三是组织会员参加交流活动，考察资源，参加外省组织的旅游展销会，促进中外交流，做好接待工作。帮助外省旅行社来本市组织推介会，热情周到地接待外国游客。

（2）以公益为导向的旅游协作模式。该模式更侧重于为长三角地区的散客服务，为当地游客提供较好的旅游环境。

5. 项目驱动型的旅游合作模式

（1）项目共有竞合模式。主要指以某一个共有项目为载体展开的合作活动，在相近的能共享资源的若干城市之间表现得比较明显。目前，在长三角区域内该类项目主要有太湖、京杭大运河、古镇等。该类合作模式内的合作成员间一方面表现为为争夺有限的旅游资源而开展的一些不合理的竞争活动；另一方面合作成员也通过联合营销，对外共同树立良好的区域形象。

（2）大型项目带动模式。该类模式的主要特点是以某一场大型活动为主导因素，整个或者部分长三角区域内的旅游利益相关者，包括旅游局、旅行社、旅游酒店、旅游景点等为了实现某些共同的目标而合作。诸如冬奥会、世博会等大型国际活动期间，三省一市旅游企业可以联合营销，打造当期旅游产品，邀请海外媒体记者和海外旅游批发商考察长三角区域旅游资源和产品，宣传推广长三角区域旅游资源。

第二节 景观开发与安徽旅游企业集团发展

一、区域旅游资源的整合与开发

(一) 长三角各地旅游资源特征

1. 安徽旅游资源

安徽拥有黄山风景名胜区,西递、宏村古村落两处世界遗产,世界遗产总数在31个省份中仅次于北京、四川,与江苏同为长三角地区之最,旅游资源品位高。此外,旅游资源类型多样,人文景观与自然景观交相辉映、密度大。在皖南区域内除拥有两处世界遗产外,还有中国四大佛教名山之一九华山、道教名山齐云山、棠樾牌坊群等诸多自然人文景观以及中国三大地域文化之一的徽州文化。此外,安徽还有黄梅戏、古南岳天柱山、桐城文化、天堂寨、琅琊山、八公山、豆腐文化节、凤阳明皇陵、历史文化名城亳州等高品质的自然和人文旅游资源以及老子、庄子、曹操、朱元璋、陈独秀、胡适等众多名人资源。

2. 江苏旅游资源

江苏历史悠久,自然条件优越,经济文化发达,旅游资源丰富,以多变的山水组合、浓郁的水乡风情和深厚的历史文化为主要内容。全省现有7个国家级历史文化名城,5个国家级风景名胜区,10个省级风景名胜区,15个国家级森林公园,11个省级森林公园,2个国家级旅游度假区,5个省级旅游度假区,7个国家级和省级自然保护区。全省的国家级和省级文物保护单位共有350多处。旅游资源的分布相对集中,多数在环太湖地区、沪宁沿线城市和交通枢纽城市等人口众多、腹地广阔、经济比较发达地区,交通便利,利于开发利用。

3. 浙江旅游资源

浙江自然资源中以山水最为著名,富春江、新安江和千岛湖是最主要的旅游景区;省会杭州风景秀丽,有"人间天堂"的称号;古城绍兴是典型的江南水乡,吸引了众多的旅游者;佛教圣地普陀山和"海上雁荡"朱家尖、"中国渔都"沈家门形成海岛风景黄金三角旅游区。浙江的人文资源同样丰富多彩,余姚河姆渡遗址和余杭良渚文化具有很高的知名度;浙江的宗教旅游资源和古建筑结合在一起,在全国占有重要的位置;此外,白堤、苏堤吸引了众多文人骚客流连西子湖畔;清代盛世君主康熙、乾隆五下杭州六游西湖,给浙江的风光美景添上浓彩重墨;严子陵、李渔、秋瑾、鲁迅等名人故里故居,无不体现出浙江深厚的文化底蕴。

4. 上海旅游资源

上海有独具特色和魅力的都市文化,上海旅游资源的特色就在于它的国际大都市性,都市本身就是一个大吸引物。上海的人文旅游资源优于自然旅游资源。人文旅游资源在旅游资源中占有绝对优势,同时上海社会资源独具特色,而自然旅游资源在规模和数量上都相对要小得多。所以,上海虽然缺乏一流的名山胜水和高品位的文物古迹,但人文资源相对集中,且人文资源和社会资源的方方面面都渗透着都市旅游的魅力,从而形成了自身独特的旅游吸引力。

(二) 安徽参与长三角旅游合作的必要性

在旅游资源特征上,安徽与长三角的江苏、浙江、上海等省市既具有相似性,也有明显的差异性,形成很好的互补关系。安徽以原生态高品质山水和特色地方文化为旅游发展的依托,江苏以园林、文物、水乡、古都和主题公园等人文资源见长,浙江以自然山水、人文古迹、生态环境等为主要特色,上海以都市风貌、购物娱乐、会展商务等为主要吸引物。这种差异为区域旅游发展提供了互补的优势,也为区域旅游资源的有效整合提供了基础。

1. 赋予安徽经济内源性动力

区域和国家在经济发展的进程中,从内部和外部两个方面形成了两种不同的发展方式。内源现代化,也叫内生现代化,是一种内在的社会动力,其投入主要来源于国内的积累,它的经济活动是通过扩大的市场而进行的。经济的内在成长理论指出,技术进步、人力资源和研发能力的提高是维持经济持续发展的基本驱动力。而内生动力则包括内部资金支持、管理、技术进步、人才和研发能力的提升。

安徽缺乏地方资本,也缺少国内的财政支持,作为一个教育大省,安徽拥有各种类型的教育机构,为社会提供了大量的人才。安徽的旅游融入长三角,尤其是以旅游业为主导,与长三角的工业联系,可以充分发挥长三角的资金、技术和人才优势,提升安徽的工业结构,促进安徽的经济发展,为安徽的经济增长提供内在的动力。

2. 有利于安徽旅游业实现跨越式发展

安徽要想真正融入长三角,可以将上海作为一个吸引外资、技术和先进公司的重要平台。上海具有很高的国际声望,是外资进入大陆的踏板。一是长三角作为国内外资密集区,是跨国企业的集散地,安徽地处上海边缘、黄山脚下,可以"借台亮相"。二是可以通过长三角区域的产业转移,优化产业结构,提高中国的竞争力,同时也能吸收安徽的大批过剩劳动力。三是要充分发挥长三角地区的科技服务功能,加大高科技人才和高科技企业的技术研发能力,从而提高安徽的经济发展水平和质量。四是金融、贸易、航运等长三角区域的作用日益增强,安徽作为长三角腹地,在生产要素、基础产业等各方面都与长三角有着很强的互补关系,因此,真正融入长三角,开展更广泛的合作,对安徽来说是一个难得的机遇。

3. 有利于长三角地区降低生产成本,提高竞争力

长三角地区受土地、能源等重要生产要素的影响十分突出,劳动力成本也处于攀升状态,其经济发展中的瓶颈现象非常严重,"东企西扩""南资北移"的现象已经出现,安徽融入长三角,有利于长三角地区减少受要素禀赋和资源成本的制约,促进经济的可持续发展,增大其经济竞争力。

二、安徽省旅游集团的发展

(一) 安徽省旅游集团的现状

安徽省旅游集团有限责任公司是经省人民政府批准,由三家省属企业(安徽安兴联合总公司、安徽省旅游集团有限公司、安徽省粮食集团有限责任公司)历经2003年11月和2011年6月两次战略重组,整合重组的企业集团,是以旅游与房地产为主业的省属国有大型企业。

集团公司设有综合部、人力资源部、财务审计部、资产运营部、旅游开发部、房地产开发部6个职能部门。全集团共有职工2 360人,资产总额24.55亿元,拥有全资、控股、参股公司25家,其中旅游类企业12家,房地产及其他类企业13家,形成了"旅游景区、旅行社、宾馆酒店、交通运输、旅游地产"五大经营板块,是全省为数不多的集团化管理、多元化投资、产业化经营、专业化运作的旅游企业集团之一。

近年来,安徽省旅游集团围绕做强、做大旅游和房地产两大主业,先后对六安天堂寨、泾县桃花潭、江南第一漂、黄山唐模四个景区进行了系统的规划、开发和宣传,已建成或正在建设的房地产项目有合肥CBD中央广场、北京天美商城、芜湖中央城、华侨广场、安徽饭店、国际中心、合肥恒兴广场等一批旅游地产项目。安徽省旅游集团拥有国家4A级旅游景区3个、3A级旅游景区1个,四星级酒店2家、三星级酒店2家,全国百强旅行社2家,国家一级工程类企业2家,国家甲级建设工程勘察设计院1家,旅游产业涉及的吃、住、行、游、购、娱要素企业基本齐全,房地产涉及的勘察、设计、策划、开发、装饰、弱电、物业等配套企业日益健全,已成为促进安徽旅游产业大省建设的一支重要力量。

安徽省旅游集团充分发挥资源优势、环境优势、产业优势,逐步把安徽省旅游集团打造成为安徽有实力的旅游旗舰、国内有影响的知名企业。

但是,安徽省旅游集团仍存在诸多问题:

(1)旅游集团对自身规模效益的利用不足。旅游集团应该把实现规模效益作为经营战略的核心目标,从而发挥1+1>2的集团竞争优势。但对于绝大多数旅游企业集团来说,由于企业体制改革留有后遗症,或者战略管理机制不完善,企业集团的合力就难以形成,自然也就无法充分实现自身的规模效益和范围效益。

(2)安徽省旅游企业集团对自身发展状况缺乏系统认识和规划。调查中发现,大多数旅游集团缺乏自身发展状况的数据统计分析,对自身发展也缺乏清晰的规划蓝本。对自身发展没有良好的监督,对集团战略选择缺乏明确的方向,这是限制旅游集团自身提升的一个基本原因。

(3)管理人才缺乏,企业制度和管理水平滞后市场要求。调查显示,旅游集团对管理人才匮乏问题各有看法,明显感觉到缺乏管理人才的旅游集团占旅游集团总数的44%,这一部分主要是省内主流旅游集团,包括黄山旅游、九华山旅游、瑞景商旅、迎驾旅游等,这表明这些企业的旅游专业化程度较高,对旅游专业人才的重要性认识很深,故而痛感缺乏高素质的专业管理人才。对于另一半认为自身并不缺乏旅游管理人才的集团,因为其他产业集团投资安徽旅游产业,它们经营规模很大,有成熟的管理制度,有较多的人才储备,也有招募全国旅游专业管理人才的实力,故而对管理人才的稀缺并不敏感。

(4) 旅游行业投资回报率低于某些热点行业,旅游市场不成熟带来需求不旺盛。旅游行业的高竞争性、区域发展的不平衡性、季节性等特点,使得旅游产业投资的回收期较其他热点行业要长,造成投资回报率低于其他热点行业。

(二) 促进安徽省旅游集团发展的手段

1. 促进众企业联合

企业体制改革完成之前,企业集团主要通过整合内部资源,形成核心竞争力,强调的是竞争;21世纪以来,随着国有旅游企业体制改革的初步完成,以及企业规模的急剧扩大与竞争格局的变化,必须提倡联合外部资源,强调的是合作,这一转变是企业竞合模式的升级,也是安徽省旅游集团发展的必由路径。安徽省旅游企业集团的发展受行业发展水平偏低、行政管理制度落后等客观因素的影响,同时也受到缺乏人才、缺乏有竞争力的项目等主观因素的影响,更需要跳出自身谋发展,通过各种层次、各种渠道的联合,加快自身的发展速度。主要有以下三个手段:

① 提高旅游企业进入门槛,遵循市场优胜劣汰法则。控制旅游企业这一市场主体的门槛高度是旅游管理部门的一项基本职能。对新进入市场的景区、酒店、餐饮、旅行社、休闲度假地等旅游经营主体要提高其进入标准;对已经进入市场的以上经营主体进行年度考核,高标准的考核下必将淘汰市场不良固定资产,鼓励大型旅游集团兼并中小旅游企业。旅游行业需求不旺、市场混乱、管理低效是全国普遍问题,企业整合是解决供给过剩、理清市场关系、提高经营效益的一个比较有效的方法。

② 拓展旅游行业融资渠道,政府牵头联合外部资本。企业整合主要依靠资本的运作。近年来,其他行业投资旅游行业屡见不鲜,投资的主要动力是政府的利好,对政府管理下的旅游市场有良好的愿景。此外,尽快促进景区类、酒店类强势企业集团上市,采用上市公司完备的财务统计系统客观反映旅游集团经营状况,是与海内外发达旅游集团对话和联合发展的基本条件。

③ 行业组织搭建交流平台,市场主体联合外部品牌。支持行业性非政府组织,推动旅游企业家论坛,组织行业发展研讨会,召开资本对接会,以增加行业交流与合作机会。鼓励企业联合外部知名品牌,提升安徽省已有旅游品牌价值,打造新兴崛起旅游品牌。

2. 专业人才引进

制度可以借鉴，人才可以引进，在改进制度和引进人才的基础上，重点扶持一批在旅游产业领域内较有竞争力的酒店、旅行社和休闲项目。主要有以下两个手段：

① 引进公司法人治理结构，开拓景区市场经营渠道。国内外旅游集团发展实践证明，迄今最为有效的制度是市场化运作的公司制度。好的制度是企业得以发展的保证，旅游集团下属企业经营领域广，涉及吃、住、行、游、购、娱等诸多行业，没有以产权明晰为核心的现代企业制度，就难以把握集团发展的方向。另外，从调查看，旅游集团对进一步鼓励企业与景区的经营权转让提出了较高的期望，而产权明晰是实施经营权转让的基本条件。

② 引进项目经营管理人才，创新旅游行业发展思路。目前，研发部门是安徽省旅游集团非常需要的部门之一。研发部门的职能是确立自身集团的定位，搜索集团发展所需要的人才和项目，寻找适合自身发展的成长路径，研究解决集团发展面临困境的对策。传统观念认为旅游行业不需要"研发"，服务性行业的拳头产品是服务质量。如今，在服务质量同质化、信息公开化的背景下，在服务上创新出奇已经很难取得长期的竞争优势。服务可以模仿，项目却难以复制。长期发展中，旅游集团更需要研究市场需求，创造新颖项目，寻找有效管理，在市场竞争中推陈出新、屡出奇招，才能克敌制胜。对于安徽省旅游集团的发展而言，第一步是引进人才，旅游集团研发部门的主要成员应是具有旅游管理、旅游规划、旅游经济等专业背景的研究人员，有了优秀人才，没有项目可以想出项目，没有资金可以找到资金，没有效益可以创造效益；第二步是创立项目，旅游集团研发部门应建立项目库，在寻求投资的过程中把握机遇、适时上马，有了好项目，没有人才可以培养人才，没有资金可以招商引资，没有经验可以积累经验。用人才创项目，以项目养人才，这也是减少旅游行业人员流动的一个方法。目前，旅游集团人才的选用依然多采用传统的业内招聘，员工多受传统束缚，难以胜任旅游集团宏伟的战略制定和复杂的策略选择工作，流失率也较高。企业集团应该进一步解放思想，通过市场竞聘引进集团运作人才，通过校园招聘及时补充新鲜血液。

3. 消费点转型

世界旅游界已经形成一个共识，即文化需求将成为人们日益增长的主要需求，而休闲度假也终将超越简单的观光旅游成为人们消费的主要选择。打破旅游集团对自然景观以及地理条件的依赖性，转变旅游集团主要依靠景区起家的发展模式是安徽省旅游集团发展取得突破的路径。主要有以下两个手段：

① 打造新颖休闲娱乐项目。具有研发观念的旅游集团推出富有创造力的经营项目毋庸置疑。20世纪90年代主题公园狂潮过后，旅游界发现并非主题公园不可取，无论是深圳的世界之窗、杭州的宋城，还是芜湖的方特欢乐世界都取得了巨大成就，关键是娱乐性主题公园必须保证娱乐主题的创意和内涵。

② 推出文化旅游结合亮点。在西安曲江新区的开发过程中，大唐不夜城、芙蓉园等旅游项目与文化产业的结合很完美，值得借鉴。旅游企业集团应积极参与城市的改造与新建工程，以旅游项目展示与拓宽城市文化内涵，在提升城市价值的过程中创造企业发展的空间，而非在结果中淘金。

三、旅游企业集团发展的他省之鉴

（一）四川旅游业发展的经验

近年来，四川旅游业迅速崛起，发展态势良好，成功的首要经验就是省委、省政府强有力的推动。

四川坚持实施政府主导型战略，首先在领导体制上提高领导规格与力度，省委、省政府主要领导亲自抓，把旅游业作为支柱产业培育，专门成立了省旅游产业发展领导小组，省长任组长，省委副书记、常委副省长、省人大常委会副主任和旅游局局长任副组长，27个省直有关部门为成员。旅游产业发展小组的成立强化了旅游行政管理部门的综合协调职能，形成了党政全力推动、部门密切配合、上下整体联动的良好局面。

2008年4月，四川省出台了《四川省人民政府关于做强做大旅游企业、加快旅游产业发展的实施意见》（以下简称《意见》）。《意见》指出通过政策引导和分类指导扶优扶强，加快扶持和培育一批优势明显、带动作用显著、市场竞争力强的旅游骨干企业，促进旅游产业转型升级和跨越发展；《意见》还为此提出一系列具体目标，详细拟定出旅游资源经营性企业、旅游接待企业、旅游商品企业入选旅游骨干企业的标准；《意见》还推出财税金融、土地、产业、交通运输和激励五个方面的扶持政策。

（二）山东旅游业发展的经验

山东省旅游局紧紧抓住政府主导这条主线,通过借助外力营造内外竞争的激烈氛围,推动大旅游格局的纵深化,然后再通过催动内力,把政府与企业的力量凝聚一处,形成市场竞争合力。

山东省旅游局积极部署,通过培育大企业,引进大项目,切实提高旅游核心竞争力;为此提出"重组一批、转型一批、引进一批"的行动原则,重点培育能够进入全国百强行列的大型旅游企业集团。具体措施如下:

① 抓住产业结构调整机遇转型一批。山东省拥有各类旅游景区(点)800余处、旅行社1 700多家、旅游星级饭店700家、工农业旅游示范点145个,众多社会餐馆开始纳入旅游部门管理。以第一、二、三产业中现有各类大企业为依托,推动有条件的大企业在结构升级中向旅游产业进军,重点培育海尔、青啤、张裕、好当家、蓝海、栖霞口等以旅游作为企业新的经营领域的旅游企业集团。采取整合重组方式,培育在国内外有影响力的大型旅游企业集团。

② 以事业单位改革为契机重组一批。大力推进4A级以上大型景区中165家事业单位景区的改革,以泰山、三孔、蒙山等体量规模较大的景区为主体,支持各市组建集旅游六要素于一体的复合型旅游企业集团。

③ 主动"走出去"引进一批。积极引进英国洲际饭店集团、美国胜腾公司等知名品牌饭店集团的管理与服务。引进美国运通、日本JTB、韩国HANA、首旅、港中旅、国旅、中旅、中青旅、康辉、上海春秋十大国内外著名旅行社到山东设立分支机构或设立独资旅行社,实现旅行社升级换代。积极鼓励外地大的旅行商、景区(点)、度假区进入山东省,以独资、联合等形式兴办旅游集团。通过科学规划,精心设计,谋划一批竞争实力强、市场前景好、全国一流、世界知名的旅游大项目,吸引国内外知名大企业、大财团参与山东旅游资源开发。

第三节 安徽跨区域旅游合作

一、安徽旅游跨区域合作的战略构想

旅游业的核心竞争力首先来源于龙头旅游景区,龙头旅游景区的市场地位有多高,全省的市场辐射面就有多大。黄山就是安徽旅游的龙头,全省在旅游开发与市场宣传上就应以黄山为制高点,以九华山、天柱山、皖南古村落、巢湖为支撑,从南到北打造三四个具有国际影响力的山水文化旅游景区,这是安徽旅游发展的主方向。

安徽省旅游收入90%以上来自国内旅游,其中又有一半来自省内旅游;人均消费低是安徽省创汇能力不强、旅游总收入不高的主要原因,突破这种困局的主导方向就是大幅度提高海内外高端市场的招引力,而黄山、九华山、天柱山、皖南古村落、泛巢湖等景区就起着引领海外市场与中远程国内市场的关键作用。每年到黄山旅游的外国游客大部分来自东亚地区,尤其是韩国和日本,而欧美市场份额较小,这又说明黄山的市场知名度还有待提高,旅游发展的潜力还很大。

(一) 加快营造跨市域旅游目的地战略

安徽省在空间布局上,要加快旅游中心城市建设,在此基础上营造三四个在海内外有影响、有地位的跨市域旅游目的地。

1. 打造皖南地区国际旅游区

以"两山一湖"(黄山、九华山、太平湖)为号召的皖南旅游区是安徽省的金招牌,应广泛吸引国内外资本参与,促进自然景观与人文景观、传统文化领略与现代休闲时尚相结合,充分挖掘黄山徽文化、九华山佛文化、齐云山道文化底蕴。加快旅游基础设施建设,积极融入长三角经济圈,建成快速无障碍旅游区。

2. 打造泛巢湖休闲度假旅游区

充分发挥合肥作为安徽省政治、经济、文化、交通中心的优势,整合周边的巢湖水资源、大别山生态资源,重点开发休闲度假旅游产品,积极创建在华东有强大影响力、在海内外有一定知名度的国家级旅游度假区。

3. 打造皖北文化休闲旅游区

皖北旅游开发要正视国内文化旅游市场尚待培育的现实,改变以往只重视人文资源与文化产品的狭隘观念,扩大开发视野,既要挖掘历史文化名城亳州、凤阳明中都城、寿县古城等人文资源潜力,又要发挥八公山、皇藏峪、沱河、焦岗湖、高塘湖等自然资源的休闲观光功能,使皖北文化休闲旅游区成为安徽省旅游发展新的增长点。颍上县八里河景区近年来成为安徽旅游的一颗新星,由原来默默无闻的普通乡村建设成为全球环境保护500佳和4A级旅游景区,其所创造的"奇迹"说明旅游产品的畅销度与资源的等级并不成正比例,依托普通资源开发的产品只要符合民众需求,也会有广阔的市场。

(二) 开发新型专项旅游产品战略

安徽省要适应市场发展需求,改变单一的观光旅游产品开发模式,推出休闲度假旅游、红色旅游、乡村旅游、生态旅游、文化旅游、工业旅游、科技旅游以及温泉、游艇、探险等新型与专项旅游产品。

各地要积极开发与提升休闲、度假旅游产品,把安徽建设成华东重要的休闲度假基地。长三角经济圈是我们最具活力的地区,20世纪90年代以来,该地区以1％的国土,创造了占全国1/5的GDP、1/4的财政收入和1/3的进出口总额,经济增长速度连续10年领先全球。这些经济发达地区的旅游需求已经向休闲度假攀升,这为安徽省"两山一湖"、泛巢湖等地高规格开发湖滨温泉、丘陵幽涧、森林公园等休闲度假资源创造了市场。

(三) 创造大型旅游企业战略

旅游企业是旅游产业发展的主要推动者,没有大企业,就没有大产业,旅游业要想大发展,只有引导和推动旅游企业做大和做强。安徽省高星级饭店已有几十家,但目前只有一家500间客房以上的大型酒店,其余均为中小型酒店。安徽省国际旅行社已有几十家,但还没有一家具有国外独立招募客源的实力。安徽省 A 级旅游景区数量在全国来说不少,但上市公司只有一家。因此安徽省要加快旅游产业体系建设,做大做强旅游企业,积极培育大型旅游集团。

二、皖北、皖南与黄山旅游地的发展与转型

(一) 皖北旅游区系列化与品牌化的旅游产品开发

皖北旅游区指安徽省北部淮河流域六市两县——蚌埠、淮南、亳州、阜阳、宿州、淮北六市以及毗邻的凤阳、寿县两县,总面积3.65万平方千米,总人口990万。该区域的旅游资源类型丰富,文物古迹、革命遗址、山水风光等数量众多,尤以"历史文化"类资源著称,老子、庄子、曹操、华佗、朱元璋、春申君、淮南王、管仲、鲍叔牙等历史名人孕育于此,现有中国首批优秀旅游城市1个,国家级历史文化名城2座,省级历史文化名城3座,国家重点文物保护单位14家,省级重点文物保护单位近百家,首批国家级非物质文化遗产5项,省级风景名胜区6个,国家4A级旅游景区12家,3A级旅游景区15家,国家级森林公园2个,省级森林公园5个。详见表6.2。

表6.2 皖北旅游区的主要旅游资源

类型	名称
中国首批优秀旅游城市	亳州
国家级历史文化名城	亳州、寿县
省级历史文化名城	凤阳、涡阳、蒙城
国家级重点文物保护单位	花戏楼、尉迟寺遗址、寿州窑遗址、柳孜隋唐大运河遗址、曹氏家族墓群、亳州运兵道、安丰塘、明中都皇故城及皇陵石刻等
省级重点文物保护单位	文昌宫、管鲍祠、华祖庵、禹王宫等近百家
首批国家级非物质文化遗产	花鼓灯、泗州戏、凤阳花鼓、界首彩陶烧制技艺等
省级风景名胜区	皇藏峪、五柳、涂山—白乳泉、龙子湖、颍州西湖、八公山

续表

类型	名称
国家3A级以上景区	八里河风景区、迪沟生态旅游风景区、阜阳生态乐园、古井文化园、皇藏峪风景区等27处
国家级森林公园	皇藏峪国家森林公园、八公山国家森林公园
省级森林公园	上窑森林公园、南塘森林公园、卧龙山森林公园、茅仙洞森林公园、老龙脊山森林公园

在经历了长足的探索后,皖北旅游区找到了一条独特的发展之路——旅游产品开发的系列化与品牌化。

旅游资源开发要落实到产品上,才能形成市场竞争力,最终产生经济、社会、环境综合效益。旅游产品开发必须讲究系列化,由基础产品、重点产品、核心产品、龙头产品组成金字塔形竞争系列。

① 积极发展观光旅游产品。基础产品是面向大众旅游市场的基本产品。对于旅游资源开发度偏低又资金匮乏的旅游冷点地区来说,观光型的旅游产品是其发展的基础。皖北旅游区要继续大力发展观光旅游产品,提高八公山、皇藏峪、上窑、五柳、龙子湖、颍州西湖等山水自然景区的观赏性与游乐性,提高花戏楼、亳州运兵道、太清宫、管鲍祠、茅仙洞等人文景点的审美度与文化性,鼓励各景区积极参加A级景区申报活动。

② 创新发展休闲度假旅游产品。重点产品是面向新潮市场的提高型产品。皖北旅游区山不甚高、水不甚深,确实无法与皖南的山水媲美,但在休闲度假时代,这些山水资源也大有用武之地。例如,颍上县八里河农民将一个荒弃的水滩开发成集观光、休闲、度假于一体的4A级旅游景区,打造成安徽省乃至华东地区农业示范点的一面旗帜,受到周边地区城市游客的青睐,从而发展迅速,在全省景区排名历年均居前列。类似的成功案例还有颍上迪沟生态旅游风景区、阜阳生态乐园。有待开发的还有沱湖自然保护区、焦岗湖等。

(二) 皖南文化旅游产品的国际化推广

1. 挖掘徽文化产品内涵,丰富徽文化旅游体验

现在是体验经济时代,广大旅游者追求活动过程的体验性、参与性、娱乐性与趣味性,而安徽文化产品,从古村落、古建筑、古城,到博物馆,都还基本停留在静态展示阶段。当前需要更多地挖掘古建筑、古文物背后的历史故事、人物命运与民风习俗,并通过各种艺术手段、活动场景及参与性节目赋予历史文化遗存以生气、灵气与趣味,达到丰富产品、吸引中外游客、延长逗留时间的目的。当前,特别要策划与开发一批针对外国旅游者的产品。

2. 根据细分市场需求,推出多种精品旅游线路

针对差异化的市场需求,以徽州地区丰富的文化旅游资源为基础,组合不同徽文化旅游景点,推出世界文化遗产游、徽文化深度体验游、徽州古城精品游、黟县画里乡村游、山水屯溪休闲游、徽州古城游、古徽州乡村游等线路,增加游客数量,提高市场占有率。例如,可以开发下列徽文化主题旅游产品:"徽文化之旅:徽州文化博物馆—呈坎古村落—潜口民宅—唐模—棠樾牌坊群—屯溪老街""徽乡村之旅:唐模—潜口—棠樾牌坊—许国石坊—斗山街—西递—宏村—塔川""徽山水之旅:太平湖—黄山—翡翠谷—齐云山—徽杭古道—率水—新安江"和"修学写生览胜游:屯溪—黄山风景区—西递—宏村—南屏"等。

3. 加强旅游购物场所建设,大力开发旅游商品

首先,加强徽文化旅游购物场所建设。建立集中与分散相结合的旅游商品销售网络,建立多样化的旅游商品展示体系,在百货商场、车站、饭店、景点设立旅游商品专柜,方便旅游者购物。同时,要将旅游购物环境与旅游景区环境融合,营造徽文化旅游氛围,完善配套设施,构建一批环境舒适、服务人本、体验独特的休闲购物旅游区。屯溪老街是海外旅游者游览最多的旅游购物场所,但现在还缺乏针对其需求进行特色化包装的品牌产品。

其次,依托黄山市特色文化和物产资源,大力开发旅游商品。重点围绕歙砚、徽墨、宣笔、徽州四雕等旅游工艺品,建筑模型、徽派盆景等旅游纪念品,徽墨酥、蟹壳黄烧饼等糕点和黄山毛峰、祁门红茶、太平猴魁、新安源银毫等土产,开发特色鲜明、包装精美、便于携带的旅游商品。总之,提高旅游购物在旅游消费中的比重,丰富旅游"购"要素。

最后,徽文化旅游景点也应该树立各自独立的市场形象,避免重复定位,降低旅游者感知度。如西递和宏村同为著名的明清古建筑群落,西递古民居的文物价值高于宏村,宏村就不该照样打"古民居"的旗号,而应主要推出其特色鲜明的"牛形村"形象,大力宣传其独特的村落水系。

(三) 黄山市与长三角的旅游合作

黄山市紧邻长三角,处在沿海与内陆腹地的过渡带,205国道、319省道和皖赣铁路纵横境内,徽杭高速、合铜黄高速、黄衢南高速全线通车,黄(山)—祁(门)—景(德镇)高速、扬(州)—绩(溪)—黄(山)高速、黄(山)—千(岛湖)高速公路正在修建,4D级国际机场扩建顺利完成,"三条高铁"中的京福高铁已开工,黄杭高铁已立项,皖赣铁路扩能改造项目可研报告已通过省部联合审查。黄山市正日益形成以高速公路为支撑,铁路和民航相配套的现代立体交通网络,构成以上海为最东、黄山为最西、杭州和南京为南北两线的中间点的长三角旅游城市循环交通网。

黄山市与长三角区域不仅山水相连,而且人缘相亲、经济相通、文化相近。明清时期,徽商鼎盛,遍布长三角各大名城,创下"无徽不成镇"的盛名,如扬州的盐商、苏州的典当、杭州的木商等一样赫赫有名。长三角区域许多城市的兴起得力于徽商,上海与苏浙有不少居民的祖籍为徽州。

基于民俗、文化、地理位置的紧密联系,黄山市探索出了融入长三角的创新旅游发展之路。

1. 创新旅游发展思路

实现长三角区域发展分工合作,扩展长三角经济空间,是长三角区域适应全球化趋势的现实需要,是发挥增长极作用的重要体现,是增强地区竞争力的必然选择和实现可持续发展的内在要求。积极参与长三角区域分工与合作,是顺应经济一体化趋势、主动承接产业梯度转移、加速产业结构调整和优化升级的战略选择,是充分发挥比较优势、彰显区域特色、实现错位发展的有效途径,是保持经济良好发展势头,实现黄山市旅游业跨越式发展的现实需要。黄山市旅游业参与长三角区域发展分工合作,是安徽省构建"旅游休闲天堂",把"旅游建成全省支柱产业,把安徽建设成为全国著名旅游目的地"总体要求的新发展和新提升。

长三角区域旅游需求的多元化,使得单一的观光型旅游产品已经无法满足旅游者的需要,旅游产品结构调整势在必行。同时,区域分工合作也对黄山市旅游产品结构的优化提出了新的要求。黄山市必须在立足于区域内其他地方的旅游资源赋存状况、旅游产品结构现状的基础上,确定自身旅游产品结构调整的方向和内容,深度开发,以满足长三角区域的需要。立足自身资源优势,加快旅游产品转型升级,推出一批新产品,在巩固、发展和提升传统观光旅游品牌的同时促进产品的高级化。大力发展休闲度假、康体娱乐等提高层次的旅游产品,积极发展商务会议、节庆赛事、乡村旅游、生态旅游等专门层次的旅游产品。

2. 完善旅游设施,优化旅游环境

参与长三角区域分工合作,从硬件上,要加快黄山市现代国际旅游城市基础设施和服务设施建设,提高旅游城市的各项功能;尽快建立与长三角区域之间舒适、安全、便捷的综合旅游客运网络,不断完善旅游配套设施,提高黄山市的美誉度和旅游产品的吸引力。从软件上,要营造宽松的政策环境、经营环境,制定优惠政策,保护投资者的切身利益,通过规范化、制度化、程序化、法制化等手段防止旅游企业之间的恶性竞争,创造公平、有序的市场环境;加快长三角无障碍旅游区建设,推行黄山市旅游目的地全面服务质量管理;优化旅游投资环境,建立、充实和完善旅游项目库,定期编制、发布《黄山市旅游产业发展导向目录》,积极组织开发旅游专题招商活动,并通过制定融资、贷款、税收、管理费用等优惠政策,吸引长三角区域资金注入,发展黄山市旅游业。

从皖南、皖北、黄山旅游地的发展中,我们可以看出,安徽已经探索出一条属于自己的、融入长三角区域旅游合作的发展之路。

第七章 安徽参与长三角区域分工与产业转移的策略研究

第一节 长三角区域分工与安徽承接产业转移

一、长三角区域分工协作与安徽的关联关系

从中华人民共和国成立后这段时间来看,安徽与长三角区域分工协作关系的变迁主要经历以下几个阶段:

第一阶段,即新中国成立到改革开放的30年时间里。安徽与长三角区域间的分工协作一直是华东局(或者说华东地区)这一大的区域分工格局中的一部分,当时的苏皖浙三省参与区域分工都是以上海为中心,通过与上海之间的经济联系来实现的,而三省之间直接的经济关系以及由此形成的省际分工协作极其有限。这一时期安徽作为上海的主要资源供应地,向上海输入粮食、煤炭以及其他工业原料,而上海则把大量的工业制成品销往安徽,两者之间存在典型的垂直分工关系。有必要提及的是,这个时期上海对安徽也有过一系列产业转移活动,安徽的工业建设也由于上海工厂迁移、科技人员(包括熟练工人)派遣以及其他形式的援助获得了很大的帮助,但这主要是由行政力量主导的。

第二阶段,主要是改革开放到20世纪90年代中后期。这段时间,江苏和浙江两省在经历了20多年的高速发展之后开始全面崛起,包括安徽在内的三省一市之

间的分工格局开始发生颠覆性的变化:一方面,江浙两省与上海市的分工关系开始由单纯的垂直分工向垂直与水平兼而有之的多重分工形式过渡;另一方面,安徽与江浙两地的经济落差开始呈现,区域分工关系也由安徽与上海之间的垂直分工,向安徽与整个长三角之间的多层次分工格局演变。当然,这一时期,维系安徽与长三角之间的分工格局的纽带仍然局限于商品和物资的交流,不仅上海的产品大量销往安徽,江浙两省的工业制成品也开始大规模地占领安徽市场,而安徽在继续向上海输入大量工业原料(包括电力)的同时,对江浙两省的人员物资输送力度也迅速加大,特别是20世纪90年代以后,安徽的劳动力资源更是源源不断地流向江浙。

第三阶段,是进入21世纪以来的20多年时间。这一时期,长三角内部以及安徽与长三角之间的分工格局出现了新的变化。一方面,长三角经济一体化进程开始加快,长三角产业升级压力显现,特别是上海市更是提出了建立以现代服务业为主的基本产业结构框架,并将工业发展定位为"国际先进制造业基地";另一方面,安徽的发展也开始加快,与长三角之间尤其是与江浙两省的分工协作关系逐步深化,相当一部分产业(主要是制造业)水平分工的苗头愈发明显。在这一过程中,长三角地区制造业向安徽的大规模转移,成为推动安徽与长三角分工格局演变的主要推手,大量来自长三角的转移企业落户安徽,使安徽在工业体系、产业规模、技术水平等方面都有较大提升,与长三角产业之间相互配套、相互协作的能力有了质的飞跃,两地之间的经济关系也得到了进一步的深化。

二、安徽承接长三角产业转移的基本条件

(一) 地区间经济联系紧密

产业转移与承接作为地区间产业分工关系演进和协作空间拓展的有效途径,其重要的基础条件之一是该地区与其参与分工区域的其他地区之间存在密切的经济联系。这种经济联系不仅有利于产业转移活动的发生,也有利于转移企业与原有上下游产业之间保持通畅的衔接与联系,这对企业获取产业间的协同利益十分重要。就安徽而言,无论是从地缘关系,还是从历史渊源来看,一直隶属长三角地区,因而,安徽和长三角江浙沪之间长期以来一直有着十分紧密的经济联系。

从安徽的角度来看,在产业转移开始的2008年,安徽对江浙沪的经济联系隶属度分别为30％、8％、3％,三者之和高达41％;而与同属中部地区的河南、山西、湖北、湖南、江西五省的经济联系隶属度则分别为7％、1％、6％、4％、4％,合计为22％,约为安徽对江浙沪的经济联系隶属度的一半。考虑到经济联系隶属度计算中,空间距离取的是两省(市)省会间的直线距离,这一取舍尽管就全国多数省份的总体情况而言出入不会太大,但具体到局部地区内部的经济联系情况,可能会产生一定幅度的出入。鉴于安徽经济中心更加偏向东南部地区,以及安徽与长三角地区交通路网的发达程度远远高于其他地区这一事实,简单地以省会间的直线距离来度量空间经济关系,肯定会低估安徽对长三角地区的经济联系隶属度。从这个意义上看,长三角地区对安徽对外经济联系的真实情况要远比中部地区五省大得多。

同样,从江浙沪的对外经济联系来考察,安徽的重要性也十分突出。2008年,上海市对其周边地区(除江浙两省)山东、福建、江西的经济联系隶属度分别为8％、3％、2％,除山东略高于安徽以外,其他两省的数值远远低于上海对安徽6％的经济联系隶属度。

从两组数据的比较情况来看,无论是安徽对于长三角地区,还是长三角地区对于安徽,彼此在对方的对外经济联系格局中的重要性都是其他地区无法比拟的,而这种重要性恰恰是安徽融入长三角的基础条件之一。

(二) 地区间产业结构互补

产业转移不仅需要转移地与承接地之间有着较为紧密的经济联系,两者之间的产业结构关系性质同样也是十分关键的。如果两地区间的产业结构存在较大差异,也就是说彼此之间存在一种互补性的产业结构关系,那么这种加入和承接就有可能使各方因为能够在一个更广泛的经济空间内配置资源,比较优势得以更好地发挥,对于双方的经济发展都是重要的利好,转移企业的进入壁垒也相对较低;反之,转移方与承接地的产业结构高度相似,即彼此之间存在一种竞争性的产业结构关系,那么这种情况下发生的转移就会引起承接地人才、资源、市场等需求上的激烈竞争,尽管从长期看,这种竞争可能会因为产业内的进一步分工加以消化,但这种竞争本身会客观上相应地提高转移企业在新地区的融入门槛。

产业梯度对产业转移的影响,从某种意义上是发达地区和欠发达地区之间产业结构关系的延伸。从发达地区转移产业角度考察可分为以下几种情况:产业在区域范围,乃至在一个更宏观的空间范围(如全国)内,专业化水平和比较劳动生产率都较为低下,即产业综合梯度较低,或者产业专业化水平较高,但比较劳动生产率处于平均水平甚至较低(综合梯度可能较高),说明该产业不再具备比较优势,出于成本因素和腾笼换鸟的考虑,会进行存量转移;产业专业化水平低,而比较劳动生产率高,则说明该产业目前仍有明显技术优势,但其成本优势已经丧失,出于规模扩张的需要会进行增量式转移,或者出于成本因素进行整体式转移;产业专业化水平和比较劳动生产率都较高,则该产业比较优势显著且技术领先,一般转移的动力不足。从欠发达地区承接产业角度考察情况则有所不同:专业化水平和比较劳动生产率都较为低下的产业,承接产业转移对专业化水平和技术水平提升都是有益的;专业化水平高和比较劳动生产率低的产业,一般承接产业转移以引进先进技术为主;而产业专业化水平和比较劳动生产率都较高,则无所谓产业承接问题。专业化水平低且比较劳动生产率高的产业一般在欠发达地区并不多见,但这种情况有时也会因某些特定原因而存在,这种情况下承接来自比较劳动生产率与自身较为接近或更高地区的转移更为有利,一般性的产业转移不应考虑承接。

综合来看,欠发达地区承接发达地区产业转移与承接的衔接点,应当发生在以下几个层面:① 当两个地区的专业化水平和劳动生产率都较低,或者发达地区专业化水平高和劳动生产率低,但欠发达地区专业化水平和劳动生产率都较低,发达地区转移该产业属于淘汰落后产能,而欠发达地区的承接可以获得规模和集聚效应。② 发达地区专业化水平低和劳动生产率高,欠发达地区专业化水平和劳动生产率都较低,发达地区转移该产业在于降低生产成本,欠发达地区通过承接在获得规模和集聚效应的同时,也可以引进先进技术。③ 发达地区专业化水平低和劳动生产率高,欠发达地区专业化水平高和劳动生产率较低,说明欠发达地区成本比较优势显著,承接产业的主要目的在于引进先进技术。④ 欠发达地区专业化水平低而比较劳动生产率高,发达地区专业化水平低,但比较劳动生产率与欠发达地区较为接近或更高,欠发达地区出于扩大产能、获得规模报酬的考虑,承接其转移。

2007年统计数据显示,上海市制造业专业化水平和比较劳动生产率都较高的产业仅有化学原料及制品制造业等6个,其余行业中家具制造等5个行业专业化水平高而比较劳动生产率低,农副食品加工等4个行业专业化水平低而比较劳动生产率高,农副食品加工等15个行业专业化水平和比较劳动生产率均低于全国平均水平,广义上看,后面三种类型均有产业转移的内在动力。按照此前的分析,对照安徽各行业发展情况,两地之间至少在8个行业存在较大转移和承接的互动合作空间。

浙江省制造业的整体情况与上海有所不同,专业化水平和比较劳动生产率都较高的产业多达18个,8个行业专业化水平低而比较劳动生产率高,以及4个行业专业化水平和比较劳动生产率均较低。鉴于浙江省制造业的比较劳动生产率大多高于安徽,目前至少有11个行业与安徽存在转移和承接的合作动力。

江苏专业化水平和比较劳动生产率都较高的行业有11个,专业化水平低而比较劳动生产率高的行业有10个,专业化水平高而比较劳动生产率低的行业有2个,7个行业专业化水平和比较劳动生产率均较低,而江苏和安徽之间进行产业转移与承接可能性较大的行业也多达12个。①

总体上看,从产业梯度方面来考虑,安徽与长三角之间的产业转移与承接十分广泛。事实上,实际经济生活中,企业往往会因为追求低成本优势和更大的利润,在竞争压力不足以影响其当前的生存和发展问题时,就主动转移出去。此外,有些行业虽然保持较高的区位商,但区位商已处于逐步下降的过程,或者较高的区位商是历史条件的结果,而当当前的经济形势变迁的环境不再适宜该行业的发展时,这些行业同样也有转移的动力或压力,因此安徽与长三角的产业间转移与承接实际空间应该更大。

第二节 长三角产业转移与安徽跨越式发展

一、长三角产业转移与安徽跨越式发展提出的背景

(一) 中部崛起战略的推进

中部崛起战略是自西部大开发、振兴东北老工业基地等战略提出后,中央政府为促进区域间协调发展,加快中部地区发展而推出的又一重大区域发展战略。进

---

① 方劲松.长三角产业转移与安徽跨越式发展研究[M].合肥:安徽人民出版社,2011.

入21世纪以来,东部沿海地区经过多年的高速增长,经济发展已经达到了一个较高水平,并涌现出在全国经济格局中遥遥领先的环渤海地区、长三角地区、珠三角地区三大城市群。同时,西部地区也在"西部大开发"战略的推动下,出现强劲增长的势头。而地处中国内陆腹地,地理区位承东启西、连南接北的中部地区成了"被遗忘的区域",经济发展不仅严重滞后于东部沿海地区,甚至明显低于全国平均水平。

资料显示,从1980年到2003年的20多年间,中部地区在全国范围内的地位呈不断下降趋势。反映在人均GDP水平上,1980年中部地区人均GDP相当于全国平均数的88%,1990年下降到83%,到了2003年只相当于全国平均水平的75%,人均GDP全国排名分别为:湖北第14位、山西第18位、河南第20位、湖南第21位、江西第23位、安徽第26位。2002年在全国31个省、自治区、直辖市城镇居民收入中,中部地区人均可支配收入不仅比全国平均水平低1 369元,甚至比西部地区也低183元。从投资方面看,由于西部大开发的推进,中部原本落后的投资增长速度又大大落后于西部地区。1998年,西部地区固定资产投资增长31.2%,比中部地区高16.8个百分点。2001年1—7月,西部地区投资增长20.1%,比中部地区高2.5个百分点。2003年,西部12省(市、自治区)中有11个省份GDP增速超过10%,其中,内蒙古增速高达16.8%;而中部六省中GDP增速不到10%的则有湖北、湖南、安徽3个省份。

事实上,中部六省国土面积仅占全国的10.7%,承载的人口却多达28.1%,GDP总量占到全国的19.5%,粮食产量约占全国粮食总产量的40%,煤炭、有色金属等矿产资源丰富,且区位优势十分明显,一直以来就是我国的人口大区、经济腹地和重要市场,在中国地域分工中扮演着重要角色。中部地区经济得不到充分发展,中国经济就不可能协调健康地发展。为此,加快中部地区发展不仅符合中部六省的切身利益,同时也是提高国家整体竞争力的必然举措。

2004年3月,政府工作报告正式提出"促进中部地区崛起"的重要战略构想,指出"加快中部地区发展是区域协调发展的重要方面"。2004年底召开的中央经济工作会议要求抓紧研究制定支持中部地区崛起的政策措施。随着2006年2月促进中部崛起的纲领性文件《促进中部崛起的若干意见》出台,相关的政策措施正式得到确立,一些重大战略部署开始逐步落实,中部六省横向联动也日益加强。2008年下半年,国家发展改革委员会制定的《促进中部地区崛起规划》(初稿)开始下发,中部各省也分别根据自己的情况,出台了相关规划。至此,中部崛起进入有序推进的实施阶段。

(二) 长三角地区的产业升级与转移

自改革开放以来,包括长三角在内的我国东部沿海地区是通过承接国际产业转移而率先发展的。长三角不仅是我国吸引外商直接投资最多的区域之一,同时也是我国经济增长最快与国民财富最为集中的地区。但东部地区已经历了长达20多年的高速增长,此前的先发效应及政策优势已不复存在,而日益上升的劳动力和土地等要素成本,以及资源环境承载能力已经构成了对其经济增长的硬约束。加上我国自加入世界贸易组织之后,与世界经济之间的联系越来越紧密,已成为世界经济的重要环节。作为世界重要制造业基地的长三角,经济发展越来越多地受到发达国家经济形势和国际贸易环境变化的影响。

调整区域产业布局,对内加快产业结构升级,向外实行产业区域转移,把资源和劳动密集型产业逐渐转移扩散出去,集中力量发展高新技术产业和高端制造业,对于长三角而言已势在必行。特别是2003年前后,以石油为代表的国际大宗货物价格开始全面上涨,而东部沿海地区的"民工荒"也开始频频出现。在上述因素的共同作用下,长三角产业转移力度开始逐步加大。

二、长三角产业转移与安徽跨越式发展的关联关系

承接发达地区的产业转移在很多时候被视为欠发达地区加快经济发展进程的非常有效的途径之一。承接发达地区的产业转移意味着技术、资本和知识等要素的注入,不仅可以直接带动承接地的产业发展,同时也会因为产业关联、技术溢出等效应引致承接地产业升级、技术进步和经济结构优化。关于这一点,一系列理论研究早已给予了充分的说明。而在实践层面,利用发达国家产业升级契机,在承接其产业转移的基础上,合理地利用自身比较优势,成功实现经济腾飞的案例为数众多。

三、安徽参与长三角产业转移的风险

现代产业(包括国际和国内)通常是以价值链为边界进行分工,也就是所谓"产品内分工",即将产品生产过程中的不同工序和区段拆分开来,分散到不同国家(或地区)进行。这种分工形式使得产业活动的分离与整合在更大的空间范围内展开,价值创造体系在国与国、地区与地区之间大规模地重新配置,国际分工格局也因此开始由单纯的产业间分工向产业间、产业内和产品内三种分工形式并存的混合形态过渡。而制造业价值链上的利润分布是不均匀的,研发和设计、品牌和营销两个环节凭借其技术和垄断优势容易获得较高的经济租金,处于价值链高端;制造环节的利润则很大程度上受到所在地劳动力和资源成本的制约而处于低端,这样整个价值链连接在一起就构成了所谓的微笑曲线。而发达国家由于劳动力成本高、资源环境约束大,一般倾向于把产业利润较低的制造环节转移出去,而专于研发和设计、品牌和营销两个环节,并使产业转移的主流形式由整体转移转向价值链环节转移。

不仅如此,即便是价值链制造环节的转移,承接产业从技术上看也不是最先进的。我们在前面的章节也从产品生命周期的角度对这一问题进行了分析,即在产品利润水平较高的初创、成长阶段,发达国家和地区往往凭借其先进的技术、良好的外部环境和成熟的市场主导着产业发展,只有当产品进入成熟期,竞争激烈、利润下降,其生产活动才会由发达地区向欠发达地区转移。因此,从根本上讲,产业转移只不过是发达地区产业结构向更高阶段升级演进的一个副产品,欠发达地区通过承接发达地区产业转移并不能改变其与发达国家之间的产业结构层次差异,甚至会使欠发达地区的产业结构长期低端化,并在产业分工中长期处于依附和从属地位。

此外,这些承接而来、处于生产制造环节这一价值链低端的产业,本身会给承接地资源环境的承载能力带来很大压力,盲目而不加选择地对这些转移产业进行大规模承接,客观上会形成挤出效应,抑制那些在承接地更有前景的新兴产业的发展空间。而且考虑到这些承接产业大多处于产业生命周期的成熟期,过多承接产业转移经济风险还远不止这些。随着新产业(或者新产品)的兴起,这些产业必然会逐步走向衰退期,盲目而不加选择地对这些转移产业进行大规模承接,在客观上将在未来给承接地带来巨大的系统性退出风险。这一点,可以从20世纪90年代前期,以我国东北地区一些老工业基地为代表的重工业城市所经历的阵痛上得到印证。因此,尽管承接长三角产业转移客观上会加快安徽的经济发展速度,但如果仅仅希望通过承接产业转移就能迅速缩短安徽与长三角等东部发达地区的差距,显然是不现实的。安徽承接长三角产业转移必须合理规避风险。

第三节 安徽承接长三角产业转移的策略

经济长远发展的根本动力来自区域内部动力的集聚,但这种发展模式是渐进性的、缓慢的,因而,依托产业转移这一外部投资主要载体,通过大规模的产业承接来实现经济崛起,是大多数欠发达地区切实可行的发展路径。但承接产业转移本身是利弊相连的,且转移产业的技术类型、产业承接的方式和承接地区经济发展差异的客观存在,决定它们之间不同的衔接组合会产生不同的经济效度,因此,对于产业承接地区而言,选择科学合理的产业转移承接策略是十分必要的。

就安徽而言,承接长三角产业转移的策略应该从安徽各地经济发展现状出发,并结合安徽未来的经济发展战略来制定,其科学性的判断准则有两个:① 转移产业的承接是否与安徽各地的经济发展实际情况相契合;② 转移产业的承接是否有利于安徽跨越式发展战略的实现。为此,笔者认为安徽承接长三角产业转移应当按如下布局进行:

首先,安徽要加速崛起、实现跨越式发展,就必须形成一批以创新为先导、以技术进步为驱动、在国内有较强竞争力的优势产业,而这些产业必须依托那些经济基础与发展水平相对较高、科技和研发实力较强、经济潜力较大的地区才能得以充分发展。因此,诸如合肥、芜湖、马鞍山、铜陵、蚌埠等具备上述条件的地区,应该被打造成安徽经济发展的增长极,成为全省经济持续快速发展的保障和赶超发达地区的中坚,为其预留足够的发展空间,对安徽经济的长远发展是十分必要的。基于此,上述地区对长三角的转移产业采用选择性承接方式较为妥当,承接的重点应该放在那些能够通过技术消化、吸收、再造和有可能拓展出有前景的新产业上,并应以填补产业空白、完善产业链和提升产业结构水平为主。①

其次,安徽要加速崛起、实现跨越式发展,就必须保证较高的增长速度,而这仅仅依靠有限的几个省内中心城市的发展是不够的,诸如淮南、滁州、宣城、安庆、黄山、巢湖、池州等具备一定产业基础的地区能否实现快速发展,对安徽经济全面崛起(尤其是从量的层面)的意义非常重大。鉴于这些地区的多数产业,技术相对落后,产业规模偏小,通过提升技术、扩大规模形成的增长效应更为显著,加上其本身经济发展并不充分,资源环境的承载能力相对较大,在承接产业转移方面选择的空间较大,是安徽未来承接长三角产业转移的重点区域,除了对那些在技术潜力、行业前景、资源环境等方面都存在诸多不利的产业不承接或尽量少承接之外,其他情况的承接应当是不受限制的,因此应采取灵活多样的方式对长三角产业转移进行大规模的全面承接。

最后,安徽要加速崛起、实现跨越式发展,还有一个重要的环节就是带动诸如六安、亳州、阜阳、宿州等落后地区的发展,没有这些地区的充分发展,安徽的整体经济水平(平均意义上)就不可能有根本的改观,跨越式发展也就无从谈起。就目前情况看,这几个相对落后的地区资源环境总体状况较为优越,尤其是劳动力十分充沛,通过大规模承接产业转移带动投资,进而促进工农业全面发展的愿望也最为迫切,承接产业转移的经济效果也会十分显著。因此,如果能大规模地承接长三角地区的产业转移,无论对其自身发展,还是对安徽整体发展都是十分有利的,安徽在未来承接长三角产业转移的过程中,应该给予这些地区充分关注,并尽可能地为其打造平台和支撑体系,以促成其大规模的产业承接活动。此外,考虑到这些产业配套和支撑能力(特别是技术设施和科技手段方面)较弱,在承接产业转移过程中一般不具备比较优势,为加大承接产业转移力度,即便是一些资源环境负担较重、行业前景也不是很好的产业,在系统评估其风险的前提下,也是可以考虑的。

根据上述判断准则以及据此提出的承接策略,并对照各地的工作实践,本书认为安徽当前承接长三角产业仍存在一些不容忽视的问题。究其根源,主要是由于地方政府发展目标定位不明确,对于如何通过承接长三角产业转移来实现其发展的战略缺少系统的规划。这些地方在产业承接过程中往往会注重短期利益和承接数量,而不能根据本地的经济基础、资源条件、产业特点,选择符合自身特色的产业类别,承接来的产业往往门类繁多而关联性差,难以形成规模效应和集聚效应,不仅严重地制约了承接产业未来的发展潜力和各地自身优势产业的做大做强,同时

---

① 方劲松.长三角产业转移与安徽跨越式发展研究[M].合肥:安徽人民出版社,2011.

也在客观上降低了承接地区的资源利用效率。不仅如此,承接目标盲目也加剧了地方政府在产业承接中的相互竞争,并导致了各地承接产业结构类型的同质化,既不利于当前的产业承接工作的开展,同时也会对安徽未来地区间开展良性的分工协作和资源有效配置形成极大的制约。

应以皖江城市带承接产业转移示范区和国家技术创新工程试点省建设为主线,结合自身经济特点,明确发展定位,科学分解目标,在统筹产业承接和自主创新关系的基础上,系统制定科学的产业承接规划。

第八章 安徽助力长三角区域服务业平衡发展的策略研究

我国2020年服务业增加值553 977亿元,占国内生产总值的54.5%,现代服务业持续高速发展,发展潜力持续释放。长三角三省一市(江苏省、浙江省、安徽省、上海市)大力发展现代服务业。安徽省作为长三角地区的一员,也在积极谋划,制定了一系列的发展对策,包括《关于加快现代服务业发展的若干政策意见》《安徽省省级服务业集聚区发展规划》等。

第一节 安徽现代服务业发展的不足之处

随着皖江城市带承接产业转移示范区和合芜蚌自主创新综合配套改革试验区的正式获批,以及长三角一体化发展战略的实施,安徽省国民经济实现了较快增长。2020年,安徽省人均GDP 38 681元,三次产业结构占比为8.2∶40.5∶51.3,全省产业结构继续向"三二一"结构演变,消费结构不断升级,服务业需求迅速扩张。安徽省积极推进服务业创新,现代物流、休闲旅游、金融商务等现代服务业发展快速,数字媒体、动漫网游等产业业态不断丰富。如图8.1所示,2015—2019年间,安徽省服务业增加值从8 206.6亿元快速增长至18 860.4亿元,年均增长2 130.76亿元,连续三年保持10%左右的高增长速度,2020年服务业持续稳步恢复,服务业增加值逆势增长为19 824.2亿元,增长2.8%,服务业增加值占全省GDP的比重达51.25%,现代服务业在安徽省国民经济中的地位显著提升。

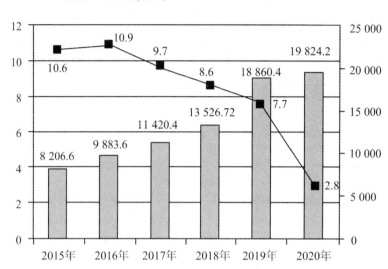

图8.1 2015—2020年安徽省服务业增加值及增长速度

在贡献水平方面,根据统计数据,2016—2019年,安徽省服务业对经济增长一直保持在45%以上的高贡献率,2016年高达49.9%,2020年全年规模以上服务业企业营业收入增长6.8%,现代服务业中的软件与信息技术服务业、金融业增加值分别增长18.2%、6.7%,逐步成为经济增长的新亮点。安徽省现代服务业快速发展的同时,其对扩大就业、优化就业结构的作用也愈发明显,从第四次全国普查结果可以看出,安徽省服务业法人单位就业人数增长41.5%,高于全国平均水平12.6%,全省第三产业法人单位从业人员占比(51.8%)超过第二产业占比(48.2%),法人单位从业人数增速居前3位的金融业(158.8%),租赁和商务服务业(151.5%),信息传输、软件和信息技术服务业(148.3%)均为现代服务业。可见,随着安徽省服务业的快速发展,其在经济健康发展、就业总量扩大、就业结构优化等方面发挥了积极作用。

同时,安徽省政府积极整合资源,2011年启动省级现代服务业集聚区建设,建设初期发展速度相对缓慢,5年内共批准认定省级现代服务业集聚区100家,之后连续出台了一系列扶持措施,加快促进现代服务业集聚区建设,截至2019年底,省级现代服务业集聚区扩大至206家,示范园区39家,现代服务业集聚区基础设施、公共平台建设不断完善,集聚质量和水平逐步提高。当前,安徽省现代服务业业态不断丰富,较为全面地覆盖了生产性和生活性现代服务业,主要包括现代物流、科技服务、旅游休闲等9种产业类型,其中,中国声谷科技服务集聚区、中国科大先研院科技服务业集聚区、三只松鼠电子商务区、宏村乡村旅游产业园等集聚区在全国享有较高的知名度和影响力。安徽省现代服务业代表性集聚区分布见表8.1。

表8.1 安徽省现代服务业代表性集聚区分布

产业类型	园区名称
现代物流	合肥商贸物流园、马鞍山慈湖高新区港口物流基地、芜湖三山物流园、中国物流亳州综合物流园、皖北快递产业园、滁州华塑物流园
科技服务	中国声谷科技服务集聚区、中国科大先研院科技服务业集聚区、黄山科创孵化器科技服务集聚区、合肥清华启迪科技城科技服务集聚区、铜陵新能科技创意产业园
软件与信息服务	合肥高新区5F创业园软件与信息服务集聚区、合肥巢湖经济开发区动漫游戏产业集聚区、芜湖镜湖区信息软件园、马鞍山软件产业园
金融商务	合肥天鹅湖金融商务区、芜湖人力资本产业园、铜陵市铜都金融中心、芜湖镜湖区中央商务集聚区、合肥滨湖世纪商圈中央商务区、蚌埠市青年创业园
电子商务	三只松鼠电子商务区、霍山县大别山电商产业园、冬至汉唐电子商务集聚区、砀山县电商示范产业园、安徽蚌山跨境电子商务产业园
新型专业市场	中国供销·华东农产品物流园、大别山农产品物流园、芜湖汽车后市场集聚区、蚌埠中恒义乌国际商贸城、阜阳·临沂商城新型专业市场
创意文化服务	黄山徽文化产业园、祁红文博园、铜陵滨江文化创业园、六安大观街创意文化服务业集聚区、霍山县仙人冲画家村创意文化服务业集聚区
旅游休闲	宏村乡村旅游产业园、万安古镇现代服务业集聚区、黄山文化旅游产业园、屯溪老街特色产业园、天柱山文化旅游度假区、天堂寨旅游休闲集聚区、齐云山生态文化旅游集聚区
健康养老	黄山中医药养生旅游示范基地、黄山国际养老中心、新安江山水画廊康养现代服务业集聚区、潜口养生小镇集聚区、巢湖半汤温泉养生度假区

在稳中有序的发展过程中,安徽省的现代服务业也暴露出一些问题。

一、总体发展水平较低

从总体上看,安徽省现代服务业虽然发展速度较快,但相对于全国,尤其是长三角其他地区,差距依然比较明显,发展规模小、总体水平低的问题较为突出。2020年,江苏省、浙江省、上海市、安徽省生产总值分别为102 719.0亿元、64 613亿元、38 700.58亿元、38 680.6亿元,江苏省成为全国GDP突破10万亿大关的第二个省份,经济体量为长三角三省一市最强,而安徽省位列最后。

从服务业发展层面看(图8.2),2015—2020年间,长三角三省一市中,上海市服务业发展态势最佳,服务业占GDP的比重保持在67%以上,2020年达到73.15%,浙江省和江苏省的服务业占比均保持在48%以上,安徽省服务业占GDP的比重从37.29%增至51.25%,增速显著,但与全国平均水平(54.5%)相比仍有一定差距,亟须进一步发展壮大。

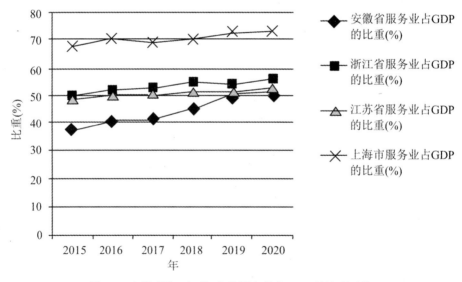

图8.2 安徽、浙江、江苏、上海服务业占GDP的比重对比

二、产业结构不合理

当前安徽省现代服务业发展势头良好,并逐渐成为经济增长的重要引擎,但新兴产业发展滞后、内部结构不合理的问题也越来越突出,在较大程度上阻碍了现代服务业的良性发展。2020年,安徽省服务业增加值靠前的分别是批发和零售业(3 516.7亿元)、房地产业(3 100.9亿元)、金融业(2 553.9亿元)、交通运输、仓储和邮政业(1 970.7亿元)等。服务业各行业中依然是以房地产业、交通运输等传统行业为主导,现代服务业中电子商务、旅游休闲发展较快,但高创新性、高附加值、更具竞争力的信息技术、科技服务等新兴产业领域投资少、占比低、发展严重不足。现代服务业内部结构不合理,金融服务、新型专业市场等供给能力有限,与社会上快速增长的现代服务业需求不相适应。

三、区域发展不平衡

受资源条件、发展基础等因素影响,安徽省现代服务业区域发展不平衡,差距较大。合肥经济圈和皖江示范区的建立,使合肥、芜湖、马鞍山的现代服务业企业得到快速增长,其他地区尤其是皖北地区现代服务业发展严重滞后。2020年,安徽省服务业增加值最高的合肥市(6 133.89亿元)是服务业增加值最低的池州市(397.8亿元)的15.7倍,服务业增加值增幅最小的阜阳市(4.1%)比增长最慢的黄山市(1.3%)高出2.8个百分点,服务业产值占安徽省服务业产值最高的合肥市(30.94%)是第2名芜湖市(9.1%)的3.4倍,明显高于其他地市。但合肥与中部地区同为省会的武汉市相比还存在差距,虽然受疫情影响较大,2020年武汉市服务业产值占湖北省服务业产值的比重仍高达43.33%,是第2名襄阳市(8.91%)的4.9倍。安徽省现代服务业的区域发展差距较大。

四、与制造业联动发展不足

安徽省现代服务业在建设和发展中未能与制造业有效融合发展,产业联动效应不足。一方面,现代服务业发展与工业化和城镇化进程不同步,2015—2020年间,安徽省工业化率从43.9%降至30.15%,下降13.5%;服务业占比从37.29%增长至51.25%,增长13.96%,增减速度基本持平,安徽省城镇化率达58.33%,但城镇化进程加快所带来的需求效应在现代服务业领域的体现并不明显,与2020年安徽省工业增加值增速(5.2%)相比,服务业的增长速度(2.8%)也不甚理想。另一方面,安徽省本土制造业劳动密集型企业居多,产业链短,对本土的科技、商务服务需求较少,带动性弱,导致安徽省现代服务业和制造业之间供需失衡,相互支撑度低,产业联动效应不强。

第二节 安徽省现代服务业发展受阻的问题成因

一、现代服务业市场化程度不高

由于政策、体制等多种因素的作用,安徽省服务业目前是三次产业中垄断性最强的产业,除商业餐饮和部分社会服务等传统产业的市场化程度相对较高外,其他行业的市场化程度和开放程度均比较低,安徽省现代服务业尤其金融服务、科技服务、软件与信息工程等行业市场准入门槛较高,再加上相关法律法规不健全,市场准入标准、技术服务标准不规范,导致监管不到位,行业竞争无序。现代服务业企业准入门槛高、限制多,垄断经营、管制经营或限制经营的现象严重,市场化程度低下,市场竞争极不充分,以致整个行业活力不足,企业创新能力和创新意识低下,严重制约了安徽省现代服务业的整体经营效率和竞争力的提升。

二、产业集聚效果不明显

在安徽省现代服务业集聚区建设和发展方面,各地政府对地区资源禀赋和产业发展的优势挖掘不足,区域协同、统筹发展欠缺长远规划,导致现代服务业区域分布分散、集聚度不高,部分现代服务业集聚区定位不清晰,缺乏鲜明的特色以及优势产业支撑。同类产业大量集聚、重复建设,各集聚区提供的产品和服务相同或相似,产能过剩,资源严重浪费,长期在较低水平层次恶性竞争,而发展潜力大、前景好的功能性集聚区则发展缓慢,规模小,市场敏感度和洞察力不足。安徽省现代服务业集聚区数量提升的同时,集聚质量和水平没有同步提升,各集聚区之间难以形成错位发展、互补互助、协同发展的局面,整体集聚效果低下。

三、龙头企业和高端人才匮乏

安徽省现代服务业总体发展水平偏低,龙头企业引领和人才队伍的支撑作用尤为关键,然而从实际情况看,安徽省现代服务业不管是龙头企业还是专业人才队伍的数量和质量均远远满足不了实际发展需要。一方面,安徽省现代服务业经营主体以中小型企业为主,占比达到九成以上,规模效应和品牌影响力相对低下,规模和实力突出的大型龙头企业数量极其缺乏。2020年中国服务业500强榜单中,浙江、江苏、上海分别有47家、44家、47家企业入围,入围数量远超过安徽省。另一方面,安徽省现代服务业发展面临着人才支撑不足的困境。在长三角地区中,安徽省经济和产业发展优势不足、人才成长环境不优,导致对高素质人才的吸引力不强,省外人才引进难度大,省内技术性人才亦大量流失,相比较日益增长的人才需求,安徽省现代服务业领军人才、复合型人才等专业人才供给缺口大,后备人才储备严重不足。

第三节 安徽助力长三角区域服务业平衡发展的可行之径

一、统筹规划,推动现代服务业平衡发展

首先,安徽省要树立起现代服务业的重要地位,坚持科学发展观,调整产业结构,逐步强化合芜蚌自主创新示范区、合肥经济圈和长三角一体化发展,推动区域协同发展。其次,要准确定位,突出安徽省服务业的特色,加快发展商务咨询、研发设计、金融服务等,促进生产性现代服务业向高端价值链延伸,推动生活性现代服务业向品质化和多样化升级,加快发展健康、养老、育幼、文化、旅游等服务业,加快公益性、基础性服务业供给,推进安徽省现代服务业向数字化、品牌化方向发展。最后,结合长三角的发展战略,构建区域合作和政策服务平台,使上海的金融国际化优势、江浙的产业集聚优势、安徽的创新创业优势等方面得到有效的支持。

二、扩大对外开放,激发集聚区发展动力

安徽省在发展现代服务业的过程中,中小企业数量多、聚集水平低,必须不断加大对外开放力度,以激发其发展活力。首先,针对安徽省现代服务业发展的实际需求,制定一套切实可行、行之有效的政策,以优化其发展环境,支持现代服务业模式、知识等方面的创新,推动其创新能力和竞争力的提升。其次,要推动产业集群发展,加速资源整合,建立合理的市场准入门槛,深入激发民营资本,建立竞争机制,强化法制监督,强化反垄断,建立健全市场环境。最后,要进一步扩大开放,拓宽交流和合作的途径,更新技术、经营观念,建设具有区域特色的科技园区、金融发展中心、文旅产业园等。依托区位优势、产业基础和国家发展战略,强化文旅、现代物流、科技服务、电子商务等产业整合发展,消除长三角地区的资源消耗和恶性竞争。

三、扶持新兴部门，推动产业联动发展

现代工业系统以网络化、融合为特征，各行业相互促进、支持，以提高生产效率，提高产品附加值，提高企业竞争力。随着世界服务业与制造业一体化的发展势头越来越明显，安徽省要把握好这个机会，进行科学的规划。首先，要进一步健全两业融合的耦合机制，制定具有针对性的产业发展计划，加快制造业产业链向研发设计、品牌营销等方面的延伸，扩大其对本地现代服务业的需求规模，逐步形成现代服务业和制造业互需、互动的发展局面。其次，根据当前安徽省新兴服务业比重偏低、区域发展不均衡的现状，进一步优化现代服务业的内部结构，大力支持新兴行业的发展，根据自身的资源禀赋，分类发展休闲旅游、康体养生等优势产业，加快软件开发、智能物流、商务金融等领域的发展，实现服务资源的共享。

四、培育龙头企业，强化人才支撑

龙头企业和专业技术人员是发展现代服务业的重要力量。安徽省现代服务业龙头企业数量少，专业人才匮乏，安徽省要拓宽思路，采取有力措施，大力发展现代服务业。安徽省要加强对重点企业、重点项目的支持，通过联合、兼并等多种途径，培育一批具有地方特色的、有一定市场竞争力和影响力的企业，能够在一定程度上推动安徽省的发展。同时，要加强高校与政府、企业的深度合作，根据需要增设现代服务业紧缺专业；深化产教融合，加大高校专业人才培养以及企业现有从业人员职业培训力度，培养一大批高素质专业化人才，并努力留住人才，降低本土人才流失率。同时，要大力引进高层次的优秀人才，特别是金融、精算、信息技术等方面的人才，加强与江浙沪等城市的合作，建立区域人才交流平台，加强对安徽省现代服务业的支持，促进长三角地区服务业的平衡发展。

参 考 文 献

[1] 黄成林等.安徽省旅游业竞争力研究[M].合肥:安徽人民出版社,2006.

[2] 孙睦优.我国旅游企业集团化发展战略选择[J].旅游学刊,2002(6):23-25.

[3] 郝索,王保伦,马聪玲.关于我国旅游企业集团化问题的研究[J].西北大学学报,2002,30(1):29-33.

[4] 尹幸福.中外旅游集团的实力对比分析及启示[J].旅游学刊,2004(2):9-10.

[5] 付临芳.试论旅游企业集团的成长方向[J].桂林旅游高等专科学校学报,1999(A2):183-191.

[6] 申思.旅游企业集团化经营的可实现模式初探[J].河南大学学报(社会科学版),2004(4):50-53.

[7] 许陈生.我国旅游上市公司的股权结构与技术效率[J].旅游学刊,2007(10):34-39.

[8] 陈先书,刘志迎.安徽旅游业发展战略研究[M].合肥:黄山书社,2003.

[9] 冯青.我国各类旅游上市公司的财务分析及投资前景[J].桂林旅游高等专科学校学报,2005(4):62-66.

[10] 邹永松.我国旅游业上市公司的基本情况及其发展策略[J].求实,2006(A1):155-158.

[11] 董观志,班晓君.旅游上市公司业绩测评体系研究[J].旅游科学,2006(6):65-70.

[12] 朱玲.中国旅游集团的成长研究[D].长沙:中南林业科技大学,2002.

[13] 余素丽.中国旅游企业集团发展对策研究[D].湘潭:湘潭大学,2004.

[14] 李晓趁,王福清,郭晖.中国旅行社集团化发展模式[J].合作经济与科技,2007(17):22-23.

[15] 郭华.我国旅游企业集团多元化经营战略探讨[J].商业经济文荟,2005(5):16-18.

[16] 蔡建娜.上海制造业结构和竞争力分析[J].上海经济研究,2001(2):21-25.

[17] 查道中.安徽加速融入长三角经济圈经济发展战略的思考[J].淮北煤炭师范学院学报(哲学社会科学版),2008(8):19-23.

[18] 陈刚,陈红儿.产业转移理论探微[J].贵州社会科学,2001(4):2-6.

[19] 陈刚,张解放.区际产业转移的效应分析及相应政策建议[J].华东经济管理,2001(4):24-26.

[20] 陈浩,姚星垣.长三角城市金融辐射力的实证研究[J].上海金融,2005(9):8-11.

[21] 陈建军.长江三角洲地区产业结构与空间结构的演变[J].浙江大学学报(人文社会科学版),2007(3):88-98.

[22] 陈建军.长江三角洲地区的产业同构及产业定位[J].中国工业经济,2004(2):19-26.

[23] 陈建军,姚先国.上海建设国际经济中心与长江三角洲地区的产业经济关系研究:以浙沪经济关系为例[J].管理世界,2003(5):44-51.

[24] 陈建军,叶炜宇.关于向浙江省内经济欠发达地区进行产业转移的研究[J].商业经济与管理,2002(4):28-31.

[25] 陈建军,吕猛.长三角一体化进程中的企业内地域分工[J].浙江经济,2005(8):44-46.

[26] 陈耀.产业结构趋同的度量及合意与非合意性[J].中国工业经济,1998(4):37-43.

[27] 陈蕊,熊必琳.基于改进产业梯度系数的中国区域产业转移战略构想[J].中国科技论坛,2007(8):8-27.

[28] 程文红.相对成本对长三角城市竞争力评价的影响[J].商场现代化,2007(12):219-221.

[29] 崔大树.长江三角洲地区高新技术产业一体化发展研究[J].中国工业经济,2003(3):64-67.

[30] 戴宏伟,王云平.产业转移与区域产业结构调整的关系分析[J].当代财经,2008(2):93-98.

[31] 丁宏.长三角一体化中的文化协调发展研究[J].南京社会科学,2007(9):26-30.

[32] 杜德斌.论跨国公司R&D的全球化趋势[J].世界地理研究,2000(3):1-9.

[33] 杜德斌,宁越敏.论上海与长江三角洲城市带的协调发展[J].华东师范大学学报(哲学社会科学版),1996(5):88-90.

[34] 邓志.长江三角洲城市带产业同构现象与上海的发展定位[J].华东经济管理,2006(6):8-11.

[35] 段从清,陈敦贤.论产业转移的国际化[J].武汉理工大学学报,2002(2):83-85.

[36] 樊福卓.地区专业化的度量[J].经济研究,2007(9):71-83.

[37] 范剑勇.长三角一体化、地区专业化与制造业空间转移[J].管理世界,2004(11):77-84.

[38] 侯德贤,崔晓娟.国际产业转移对上海经济影响现状分析[J].生产力研究,2002(3):153-160.

[39] 胡彬,董波,赵鹏飞.长三角与珠三角的制造业结构与区域竞争力比较[J].经济管理,2009(2):31-36.

[40] 胡国良.长三角制造业可持续发展中的国际分工瓶颈约束分析[J].经济管理研究,2005(7):66-69.

[41] 胡乃武,韦伟.区域经济发展差异与中国宏观经济管理[J].中国社会科学,1995(2):38-49.

[42] 华小全.安徽省经济增长的要素分析[J].江淮论坛,2005(12):32-37.

[43] 贾利军.长三角城市群空间经济结构特征分析[J].商场现代化,2010(2):96-98.

[44] 蒋运钧.打破地区间贸易壁垒 推进长三角一体化[J].商场现代化,2006(8):211.